D0310685

OFNADWY NOS

Ofnadwy Nos

T. Llew Jones

*yn adrodd y stori fôr ryfeddaf erioed,
sef stori llongddrylliad y "Royal Charter"
ar greigiau Moelfre, yn Sir Fôn*

GWASG GOMER
1971

© GWASG GOMER, LLANDYSUL a T. LLEW JONES
ARGRAFFIAD CYNTAF : GORFFENNAF 1971
AIL ARGRAFFIAD : TACHWEDD 1974

SBN 85088 106 4

ARGRAFFWYD GAN J. D. LEWIS A'I FEIBION CYF.

RHAGAIR

I MI, stori llongddrylliad y ' Royal Charter ' yw'r mwyaf o holl storiau mawr y môr. Ac mae hi'n perthyn i ni. Yng Nghymru yr adeiladwyd y llong brydferth yma, ac yng Nghymru y daeth hi i'w diwedd trychinebus ac ofnadwy. Ond serch hynny, nid oes yr un Cymro wedi mynd ati i sgrifennu hanes llawn y ' Royal Charter,' fel y dylai gael ei sgrifennu. Ac nid myfi yw yr un i wneud y gwaith hwnnw. Rhaid wrth rhyw lenor-hanesydd arbennig iawn i ymgymryd â'r dasg, a rhaid iddo wrth amynedd Job a doethineb Solomon cyn y gall ei gwblhau'n deilwng. Ryw ddiwrnod fe ddaw'r person arbennig hwnnw i'r adwy, ac fe ysgrifennir ' i'r oesoedd a ddêl '—yn gyflawn ac yn orffenedig— hanes rhyfeddol y ' Royal Charter ' a'i diwedd trist ar greigiau'r Moelfre yn sir Fôn.

Tan hynny—dyma damaid i aros pryd.

Yr wyf am gydnabod fy nyled mawr i nifer o bobl. Oni bai am eu cymorth parod a charedig ni fuaswn byth wedi gallu sgrifennu hyn o hanes.

(1) Mr. Derwyn Jones, Llyfrgellydd Coleg y Brifysgol, Bangor, am roddi arweiniad gwerthfawr i'm hymchwiliadau.

(2) Mr. R. R Williams, Porthaethwy, am adael i mi bwyso mor drwm ar ei ymchwil drylwyr ef i hanes y ' Royal Charter ', ac am fwrw trem awdurdodol dros y gwaith cyn ei gyhoeddi.

(3) Mr. Dafydd Jenkins, Pennaeth y Llyfrgell Genedlaethol, am beidio a bod yn rhy brysur, ar waetha'r mynych alwadau ar ei amser, i estyn gair o gyngor ac o arweiniad.

(4) Mr. Ben Owen, o'r Llyfrgell Genedlaethol, am fynd i drafferth mawr i gael i'm llaw y llyfr prin yn ymwneud â mordaith gyntaf y ' Royal Charter.'

(5) I rhyw ŵr di-enw o Foelfre, a'm tywysodd, ar brynhawn oer a heulog ym mis Mawrth, ar hyd y creigiau hyd at y fan lle suddodd y ' Royal Charter.'

(6) I holl aelodau staff y Llyfrgell Genedlaethol am eu parodrwydd a'u hamynedd, ac am eu cymorth cwrtais dros nifer o flynyddoedd.

T. Llew Jones.

Y STORM

Stori am greulondeb y môr a'r gwynt yw hon, ac mae hi'n stori wir.
Hanes am long ddewr a phrydferth yn cwrdd â`i diwedd—hanes
am storm na fu ei thebyg o gwmpas glannau môr Cymru na chynt na
chwedyn. Rwyf am geisio adrodd hanes llongddrylliad y ' Royal
Charter.'

YN ystod mis Hydref 1859 roedd y tywydd wedi bod yn
derfysglyd iawn, iawn. Yn *Seren Gomer* am fis
Tachwedd mae'r Golygydd yn tynnu sylw at y ffaith fod
y gwres wedi amrywio cymaint â 55 gradd Fahrenheit.
Hynny yw, roedd y gwres wedi newid o wres llethol canol
haf i oerni dyfnder gaeaf, yn ystod yr un mis hwnnw.
Roedd rhywbeth mor anaturiol a rhyfedd yn y peth nes
gwneud i rai pobl ffôl ac ofergoelus feddwl fod diwedd y
byd yn ymyl.

Ond yr hyn oedd yn ymyl oedd un o'r stormydd mwyaf
ofnadwy i daro ynysoedd Prydain erioed. Ar brynhawn y
25ain o Hydref 1859 y trawodd y storm ar draethau
Cymru a Lloegr ac erbyn bore'r 26ain roedd dros 700 o
longau mawr a mân wedi eu colli, ac roedd y ddrycin
fawr wedi hawlio dros fil o fywydau. Cyrhaeddodd y
gwynt gyflymdra o dros gan milltir yr awr a rhaid bod y
dinistr a achosodd dros y wlad i gyd yn filiynnau ar
filiynnau o bunnoedd. Am wythnosau ar ôl y storm yr
oedd y papurau Saesneg a Chymraeg yn llawn o hanesion
am ei heffaith mewn gwahanol rannau o Gymru a
Lloegr.

Un o'r pentrefi glan-môr a ddioddefodd yn ddrwg iawn
oedd y Cei Newydd, yng Ngheredigion. Torrwyd y
morglawdd yno a hyrddiwyd y Goleudy i waelod y môr.
Ar nos Wener yr 28ain ysgrifennai gohebydd *Y Faner*
yng Nghei Newydd yr adroddiad yma i'w bapur.

"Gwnaeth y storm fwy o alanastra ar fywydau a

meddiannau'r lle hwn, nag a wnaeth yr un storm a fu o'r blaen . . .

Yr oedd y gwynt mor gryf yma nos Fawrth nes ei bod yn berygl mentro allan i'r heol. Yr oedd hi'n waeth fyth yn yr harbwr lle'r oedd nifer fwy nag arfer o longau. Yn fuan iawn roedd y rhan fwyaf ohonynt wedi mynd yn hollol aflywodraethus, wedi torri eu cadwynau, ac wedi mynd blith-draphlith ar draws ei gilydd. Bore Mercher, gyda'r dydd, yr oedd ugeiniau a channoedd o'r trigolion yn ymwibio o'r naill fan i'r llall fel rhai wedi drysu, wrth weld yr olygfa o'u blaen. O dan Fron-wig gwelem y ' Pearl,' a oedd newydd fod dan atgyweiriad manwl, yn gorwedd ar ei hochr wrth y graig, ac yn cael ei thaflu gan y tonnau. Ychydig yn nes ymlaen gwelem y ' Mary Hughes,' y ' Perseverance ' a'r ' Margaret and Anne ' yn taro yn erbyn ei gilydd yn ddychrynllyd, ac wedi derbyn niweidiau mawr.

Yn nes ymlaen eto, wrth gefn yr hen gei,—y ' Mary Eliza ' wedi suddo, a'r ' Ellen ' o Lannon ar ben y creigiau yn yfflon."

Yna fe â ymlaen i enwi hanner dwsin o longau eraill a oedd wedi mynd yn wrec ar y creigiau neu wedi suddo. Yna dywed :

"Yn ystod y dydd rhedodd y ' Mary Jane,' y ' Jane Morgans ' a'r ' Probust ' i mewn i'r Cei am gysgod, a drylliwyd hwy hefyd cyn i'r storm ostegu."

Yn ystod y nos ofnadwy honno hefyd roedd nifer o longau o'r Cei wedi eu colli mewn rhannau eraill o'r wlad. Roedd y sgwner ' Mathilda ' wedi taro ar Ben Dinas, sir Benfro ac wedi suddo "with all hands." Roedd tri o'r dwylo, gan gynnwys y Capten, o'r Cei. Suddodd y sgwner ' Eleanor ' ger Caerdydd, ar ôl bod mewn gwrthdrawiad â llong arall. Y tro hwn achubwyd y criw.

Ie, noson fawr a fu honno yn hanes y Cei Newydd— noson a gafodd effaith ar fywyd y trigolion am flynyddoedd wedyn.

Ond nid oedd y Cei yn eithriad. Roedd bron pob pentre glan môr a phorthladd wedi dioddef dinistr a cholledion mawr iawn. Dywedir fod Amlwch yn sir Fôn wedi

dioddef, os rhywbeth, fwy o golledion na'r un porthladd
arall. Yn y *Caernarvonshire and Denbighshire Herald* fe geir y
disgrifiad yma o'r difrod a wnaeth y storm yno.

"Taflwyd pont haearn drom iawn i lawr i'r traeth, a
gyrrwyd y llongau mor uchel i fyny yn yr harbwr nes
iddynt godi pont y ffordd haearn o'i lle. Aeth y tonnau
ymaith â'r 'landing stage' ac fe olchwyd ymaith
ystordy mawr yn ymyl y porthladd. Mae'r golled yn
filoedd ar filoedd o bunnoedd.

Drylliwyd y brig 'Agnes' a'r 'Hope of Amlwch,' a
phan suddodd y 'Kendal Castle of Amlwch' fe aeth
ei chapten i'r gwaelod gyda hi."

Collodd dau forwr eu bywydau ym Mangor—un
ohonynt oedd Thomas William, Mêt y 'Nell' o Aber-
ystwyth. Yn wir, wrth ddarllen yr hancsion mewn
gwahanol bapurau a chylchgronau, deuai enwau morwyr
o Aberystwyth i fyny'n aml. Felly rhaid bod y dref honno
wedi colli llawer o'i bechgyn mentrus y noson honno.

Un o longau bach Aberystwyth oedd y 'Sylph' a
suddodd ym mhorthladd Conwy. Digwyddodd suddo
mewn lle bas, gan adael tipyn o'i mastiau a'i rigin
uwchlaw'r dŵr. Fel roedd hi'n digwydd roedd gwraig y
Capten wedi mynd gydag ef am fordaith, ac am bedair
awr yn ystod y nos ddychrynllyd honno bu hi a'i gŵr a'r
gweddill o'r criw'n hongian fry wrth y rigin am eu
bywyd. Mae'n dda gallu cofnodi na chollodd yr un
ohonynt ei einioes.

Am wythnosau a misoedd ar ôl y storm fe ddeuai cyrff
di-enw i'r lan ar draethau Cymru a Lloegr, i atgoffa pobl
o'i chynddaredd. Daeth corff morwr o Aberporth i'r lan
ar draeth y Penrhyn yn y Gogledd, a daeth corff morwr,
na ŵyr neb o ble, i'r lan ar draeth Aberporth.

Ond nid ar y môr yn unig y gwnaed y difrod. Yng
Nghil-y-Cwm, sir Gaerfyrddin, roedd y ffermwyr a phobl
dda'r pentre a'r ardal wedi dod ynghyd i ddiolch am y
cynhaeaf, yn ôl eu harfer blynyddol. Ond ar hanner y
Cwrdd Diolchgarwch, dyma'r gwynt mawr yn cipio to'r
capel ymaith ac yn hyrddio'r llechi a'r coed ar ben tŷ'r

capel yn ymyl, gan ei ddinistrio bron yn llwyr. Yn rhyfedd iawn nid anafwyd neb !

Ac ar y nos honno y dinistriwyd am y tro olaf, yr hen eglwys yng Nghwm-yr-eglwys, sir Benfro. Roedd yr adeilad hynafol hwnnw wedi sefyll ar gilcyn o graig uwchlaw'r môr am ganrifoedd. Am ei fod mor agos i'r traeth, yr oedd y môr wedi dod i fyny at seiliau'r hen eglwys droeon o'r blaen. Ac yn 1858 roedd y Ficer gweithgar a'i braidd bychan wedi mynd i drafferth a chost mawr i ddiogelu'r eglwys rhag y môr. Ar fore'r 26ain o Hydref daethant ynghyd i edrych ar ddinistr y storm. Roedd darn mawr o'r eglwys, gan gynnwys y gangell, wedi ei olchi ymaith gan y môr. Saif darn o'r hen adeilad o hyd, yn dyst mud i gynddaredd y tonnau y noson honno.

Fe ellid mynd ymlaen ac ymlaen i adrodd hanesion am ddinistr y storm fawr a hyrddiodd ei chynddaredd ar yr Ynysoedd hyn rhwng hanner dydd y 25ain o Hydref a hanner dydd y 26ain, pan chwythodd hi ei phlwc o'r diwedd. Ond bodlonwn yn unig ar un adroddiad arall, sef yr un a ymddangosodd yn y *Times* ar yr 28ain.

Hanes difrod y storm ym mhorthladd Llundain ac yn y Brifddinas ei hun yw hwn :

"The vessels in the Pool (of London) were extensively damaged, a large number of them being forced from their moorings and driven on shore. Upwards of 60 vessels had their rigging torn away, the topmasts being shivered and blown away like reeds.

The shores on both sides of the River below the Tower presented a strange aspect, pieces of cordage, sails, rigging and wood being scattered about.

The storm caused extraordinary damage in the metropolis, chimneys were blown down and trees uprooted."

Fe welir oddi wrth yr adroddiadau hyn fod y storm— "storm y ' Royal Charter ' "—fel y gelwid hi wedyn am flynyddoedd, wedi gwneud dinistr ledled y wlad yn gyffredinol, ac nid yw'n hawdd dweud pa ran o'r wlad a'i cafodd hi waethaf.

Fe wawriodd bore'r 25ain o Hydref yn deg a heulog, heb unrhyw arwydd o'r tywydd mawr a oedd ar ddod, ac fe aeth llongau bach y glannau o gwmpas eu gwaith fel arfer, gan gludo'u marsiandiaeth yn ôl ac ymlaen o un porthladd i'r llall. Ac ar y tir hefyd aeth pobl at eu gwahanol orchwylion, heb synhwyro fod dim yn wahanol yn y bore hwnnw i unrhyw fore arall. Nid oes gennym dystiolaeth fod unrhyw broffwyd tywydd o ffermwr wedi mynd ati i ddiogelu ei das wair neu ei helem o wenith rhag y ddrycin, a oedd ar fin dod i chwalu'r rheini'n deilchion, a thrwy hynny ddinistrio gwaith blwyddyn gyfan ar y fferm—blwyddyn o hau a medi a thoi.

Na, bore tebyg i unrhyw fore cyffredin ym mis Hydref oedd bore'r 25ain.

Ond yr oedd gohebydd y *Times* wedi sylwi ar un arwydd, a allai fod wedi bod yn rhybudd i bobl graff. Yr oedd y gohebydd hwnnw yn ymyl Caergybi, yn sir Fôn, y bore hwnnw. I fod yn fanwl yr oedd ef ar fwrdd y llong fawr a rhyfeddol honno a adeiladwyd gan y peiriannydd enwog—Isambard Kingdom Brunel, sef y "Great Eastern." Nid oedd llong debyg iddi erioed wedi morio'r tonnau. Yr oedd hi'n anhygoel o fawr—yn 19,000 o dunelli cofrestredig, wedi ei gwneud o haearn ac yn cario hwyliau, rhodau a phropelor. Yr oedd llawer wedi tyngu y byddai anghenfil o long felly yn suddo cyn gadael y porthladd. Does dim rhyfedd fod rhai pobl yn proffwydo felly, oherwydd nid oedd dim cymaint â phum mil o dunelli erioed wedi hwylio'r môr o'r blaen. A dyma long a oedd gymaint bedair gwaith yn fwy yn cael ei chynllunio gan Brunel !

Ond rai misoedd cyn y storm fawr roedd Brunel wedi marw, a diau fod gofidiau ynglyn â'r ' Great Eastern ' wedi ei yrru i'w fedd yn llawer rhy gynnar, oherwydd ni bu llong erioed a achosodd gymaint o ofid a thrafferth i'w hadeiladwyr a'i pherchnogion. A dweud y gwir, llong ymhell o flaen ei hoes oedd hi, ac fe dalodd y pris am hynny.

Ar fore'r 25ain yr oedd hi wrth ryw ymarferiadau o

gwmpas traethau sir Fôn, ac roedd hi yn ymyl porthladd
Caergybi.

Dywed gohebydd y *Times* fod y bore'n heulog a chlir—
mor glir fel y gallai weld mynyddoedd Eryri yn y pellter
fel pe baent yn ei ymyl. Roedd ffurf pob mynydd, bryn a
chraig yn sefyll allan mor glir â'r grisial. Dyna arwydd a
allai fod wedi rhybuddio pobl o'r hyn oedd i ddod.

Yn y prynhawn (meddai'r gohebydd) fe gododd yr hyn
a eilw yn "thin, black haze, which rose into the air with
ominous rapidity . . . Then everyone seemed to know
that a great storm was brewing."

Galwodd tystion eraill y peth yn "blue haze" ac un
tyst Cymraeg yn "darth glas-ddu." Roedd llawer wedi
sylwi arno, a chytunai pawb fod ei weld wedi creu rhyw
arswyd arnynt. Yr oedd rhywbeth dieithr a bygythiol yn
y peth.

Ond ni wyddai neb i sicrwydd mai hwn oedd yr
arwydd fod nerthoedd yr 'hurricane' fwyaf erioed yn
crynhoi—yn barod i hau ei ddinistr dros yr holl wlad.

A chan fod gohebydd y *Times* ar y 'Great Eastern,' wedi
bod ar ei draed drwy'r nos honno, a chan iddo ysgrifennu
adroddiad manwl a meistrolgar o'r storm, nid drwg
fyddai gadael iddo ef ail-greu'r hanes i ni. Felly, trosiad
Cymraeg o rannau o'i adroddiad ef i'r *Times* yw'r
tudalennau nesaf hyn.

Yn fuan ar ôl i'r tarth du godi, fe gododd y gwynt
hefyd. Tywyllodd yr awyr i gyd ac aeth yn nos. Yna fe
ddaeth y glaw. Ac o'r fath law oedd hwnnw ! Yr oedd yn
ddigon i ddallu unrhyw un a gerddai trwyddo, ac ar ddec
y 'Great Eastern' tywalltai i lawr fel pe bai'r nefoedd
wedi agor.

Rywbryd yn ystod y nos fe drodd yn gesair, ac yn ôl
rhai, yn eirlaw iasol o oer.

Un peth rhyfedd ynglyn â'r storm fawr yma oedd nad
oedd y barometer wedi syrthio'n is na thua 29 milibar o
gwbwl, hyd yn oed pan oedd hi ar ei hanterth. Nid yw'n
hawdd esbonio hyn, ond rhaid cofio fod y storm yma yn
'eithriad,' neu yr hyn a elwir yn Saesneg yn 'freak.'

Galwodd rhyw arbenigwr hi yn ' flat Hurricane '—beth
bynnag yw ystyr hynny.

Clymwyd y ' Great Eastern ' wrth ddau angor y tu
allan i'r "break-water" gerllaw porthladd Caergybi. Yn y
fan honno roedd ganddi gysgod pur dda rhag gwaetha'r
gwynt a'r tonnau. A pheth bynnag, roedd hi mor anferth
o fawr fel y tybiai'r rhai ar ei bwrdd na allai unrhyw
storm wneud dim niwed iddi. Ond cyn i wawr y 26ain
dorri dros sir Fôn yr oedd y ' Great Eastern ' wedi
dioddef niwed mawr, a chostiodd filoedd o bunnoedd i'w
hatgyweirio yn nes ymlaen.

Enw ei chapten oedd Capten Harrison, ac fe fu'n
ddigon call ac effro i gadw digon o stêm i droi peiriann-
au'r llong, pe bai cadwyni'r ddau angor yn torri, neu
pe bai'r ddau'n cael eu llusgo ar hyd gwaelod y môr gan
nerth y gwynt. Yr oedd wedi penderfynu, os âi hi'n
waetha waetha arno, y byddai'n cychwyn y ' paddles '
neu'r propelor, neu'r ddau, ac yn mynd am y môr mawr.
Fe wyddai mai'r unig beth oedd eisiau arno i gadw'r
' Great Eastern ' rhag suddo oedd yr hyn a eilw'r Sais yn
' Sea-room.'

Yr hyn a ofnai oedd y byddai cadwyni'r ddau angor yn
torri'n sydyn a'r llong yn cael ei chwythu i'r lan, neu yn
erbyn llongau eraill a oedd yn cysgodi heb fod ymhcll.

Rywbryd cyn hanner nos torrodd holl ryferthwy'r
storm dros draethau Môn. Meddai gohebydd y *Times* :

"Those who heard the fearful roar of the sea that
night are never likely to forget it."

Dywedodd Capten Harrison yn ddiweddarach fod ei
got law wedi ei rhwygo'n rhubanau oddi amdano gan y
gwynt a'r tonnau—tra'r oedd yn sefyll ar y "bridge." Fe
safodd yno drwy gydol y nos, heb symud o'r fan, ac
eithrio un waith pan geisiodd fynd bilô i gael cwpanaid o
rywbeth poeth a hoe fach o ryferthwy'r storm. Fe fu'r un
tro hwnnw bron a mynd a'i fywyd, oherwydd hyrddiodd
y gwynt ef ar draws y deck a'i daflu yn erbyn bôn y mast.

Roedd y ' Great Eastern ' yn llong foethus iawn, ac
roedd miloedd lawer wedi eu gwario ar ddodrefn drud-
fawr a charpedi costus drwyddi i gyd—miloedd y dylid

bod wedi eu gwario ar bethau mwy angenrheidiol er lles y llong, ym marn y criw a'r swyddogion a oedd arni. Drwy'r nos honno, fe glywai'r morwyr un ar ôl y llall o'r ' skylights ' gwydr yn cael eu chwalu gan y storm. Yna llifai'r môr i mewn trwyddynt i'r llong—nes bod y carpedi dwfn a chostus ar lawr y salŵn mawr, er enghraifft, fel cors o dan draed. Llifodd y dŵr hallt dros y cadeiriau esmwyth, a sbwyliwyd y cyfan.

Lawer gwaith bu nerth y gwynt yn gymaint fel y disgwyliai'r Capten i gadwyni'r ddau angor dorri. Ond dal a wnaethant serch hynny, ond yn ddiweddarach gwelwyd fod un gadwyn fawr wedi ymestyn traean o'i hyd yn ystod y nos. Dyna i ni ryw fesur o nerth y gwynt a'r tonnau !

Drwy'r nos bu'r morwyr yn cymryd ' soundings ' i wneud yn siŵr nad oedd y llong ddim yn drifftio tua'r lan. Drwy'r nos hefyd bu Capten Harrison yn cadw llygad ar y golau bach coch a oedd ar y bar ym mhorthladd Caergybi. Weithiau âi'r golau bach hwnnw o'r golwg o dan y tonnau, ond ar ôl i'r don wario'i nerth, deuai i'r golwg wedyn.

Fe ddaeth y bore o'r diwedd ; ond nid oedd cynddaredd y storm wedi dod i ben eto.

Yn y llwyd-olau gallai'r morwyr weld maint y tonnau a oedd yn eu hyrddio'u hunain ar y bar, ac yn wir ar y ' Great Eastern ' ei hunan. Edrychasant o gwmpas i weld beth oedd hanes y llongau eraill oedd wedi bod yn cysgodi yn ymyl. Yr oedd yr olygfa a'u hwynebai yn un ddychrynllyd. Roedd bron pob un o'r llongau bach hynny wedi eu suddo neu eu gyrru i'r lan yn ystod y nos. Yn eu hymyl gallent weld pig dau fast yn codi o'r dŵr—yr unig arwydd fod llong hardd wedi mynd i'r gwaelod.

Gwelent y tonnau'n taro yn erbyn y bar. Yr oedd yn olygfa fyth-gofiadwy. Taflai'r storm hwy gymaint â chan troedfedd i'r awyr. Yna gwelsant y bar yn cael ei olchi ymaith gan y môr, a dyna'r gip olaf a welwyd o'r golau bach a oedd wedi bod yn gysur ac yn obaith iddynt trwy'r nos.

Gyda'r bore fe droes y gwynt rywfaint, ac yn awr yr

Y *Royal Charter* yn ei llawn hwyliau

oedd gan y 'Great Eastern' lai o gysgod. Gwelodd y
Capten y byddai rhaid symud y llong fawr o afael y
gwynt. Rhoddodd orchymyn i godi un o'r ddau angor, a
oedd wedi eu dal drwy'r nos. Cyn gynted ag y gwnaeth y
criw hynny, fe dorrodd y gadwyn a ddaliai'r llall. Yn awr
fe ddechreuodd y Capten a'r criw ofni'r gwaethaf. Yr
oedd y 'Great Eastern' yn drifftio'n gyflym tua'r lan.
Gwyddent nad oedd ond un peth i'w wneud ; sef cychwyn
y peiriannau ar frys a defnyddio'r rhodau a'r propelor i
fynd am y môr agored. Ond yr oedd hi'n ddigon golau
erbyn hyn iddynt weld fod pob math o wrec ar wyneb y
môr—gwrec a fyddai'n sicr o wneud niwed mawr i'r
'paddles'. Felly, rhoddwyd gorchymyn i gychwyn y
peiriant a yrrai'r propelor yn unig. Ond bron cyn gynted
ag y dechreuodd hwnnw droi, fe ddaeth i'r afael â darn
mawr o wrec, ac fe stopiodd yn sydyn. Roedd y lan yn
dod yn beryglus o agos yn awr, ac nid oedd dim ar ôl i'w
wneud ond cychwyn yr injian a yrrai'r 'paddles'. Wrth
edrych i lawr i'r môr berw, a gweld y penbleth o wrec a
oedd yn nofio ar ei wyneb, gwyddai'n dda y byddai'r
rhodau'n siŵr o gael niwed, cyn gynted ag y dechreuent
droi. Ond gwyddai hefyd nad oedd dewis arall, ac y
byddai'r 'Great Eastern'—rhyfeddod mawr yr oes—yn
mynd yn "total wreck," os na ellid ei chadw rhag drifftio
ymhellach.

Yn y *Times* adroddir fel y drylliwyd llwyau'r rhodau
mawr o un i un, ac fel yr oedd yr olygfa'n ddolur llygaid
i'r Capten a'r criw. Ond fe achubwyd y llong gan y
rhodau toredig hynny, ac er iddi dderbyn niweidiau
mawr, aeth hi ddim yn brae i'r storm, fel yr aeth y
'Royal Charter.'

Defnyddiais gymaint o'r hanes yma o'r *Times* am ei fod
yn dangos yn well na'r un adroddiad arall a ddarllenais,
mor anodd oedd hi i unrhyw long—hyd yn oed y 'Great
Eastern'—ddal yn erbyn storm fawr y 25ain a'r 26ain o
Hydref 1859.

Ac mae'n ddiddorol iawn sylwi mai llongau ym
mhorthladd a'i cafodd hi waethaf. Bron yr unig longau i
ddal y storm oedd rheini a oedd yn digwydd bod allan

yn y môr agored ! Mewn storm mor fawr â honno, yr hyn
a elwir yn "sea-room" yw'r peth pwysicaf, ac nid cysgod
cilfach neu harbwr. A dweud y gwir, gall harbwr neu
gilfach gysgodol fod yn fannau peryglus iawn i longau pan
fo cyflymdra'r gwynt yn gan milltir yr awr. Mae nerth
gwynt felly'n ddigon—hyd yn oed mewn man cysgodol—i
wneud i long lusgo'i hangor, neu i dorri cadwyn ei
hangor, ac yna ei thaflu yn erbyn y graig neu wal y
porthladd.

O na, "sea-room" yw'r peth pwysig mewn storm
eithafol, fel honno a suddodd y ' Royal Charter.' Dyna'r
unig beth oedd yn eisiau i'w harbed—hi a'r cannoedd a
gollwyd gyda hi.

Awgrymais mai'r storm a suddodd y "Royal Charter"
oedd y waethaf a welwyd erioed yn y wlad hon. Efallai
fod hynny'n dweud gormod ; ond hyd y gallaf fi ddargan-
fod, hi oedd storm waethaf y ganrif ddiwethaf, ac nid
oes gennym dystiolaeth fod un cynddrwg wedi bod yn y
ganrif hon.

Fel y dywedwyd eisoes, gadawodd ar ei hôl ddinistr
anhygoel. Cipiwyd ymaith doau tai a'u simneiau, di-
wreiddiwyd coed mawr a oedd wedi gwrthsefyll stormydd
canrifoedd, chwalwyd teisi gwair ac ŷd a oedd newydd
ddod i ddiddosrwydd yr ydlannau. Dywedir fod nerth
y gwynt yn ddigon i godi tonnau anferth i'r awyr ac yna
hyrddio tunelli o'u dŵr ymhell i mewn i'r tir.

Dyna'r math o wynt oedd yn chwythu pan gollwyd y
' Royal Charter.'

Pennod 2

Y LLONG

A DEILADWYD y "Royal Charter" yn Sandycroft, sir y
Fflint, ar lan afon Dyfrdwy, a chwblhawyd hi
rywbryd yn niwedd 1854. Llong haearn oedd hi, a thra'r
oedd y "Great Eastern" yn 19,000 tunnell, nid oedd y
"Royal Charter" ond 2,749 o dunelli cofrestredig. Felly
o'i chymharu â'r llongau sy'n hwylio'r môr heddiw,
llong fechan oedd hi. Ond ym 1854 roedd hi'n cael ei
chyfri ymysg y rhai mawr.

Yn 1854 roedd dadlau mawr yn mynd ymlaen ynghylch
llongau haearn. Wrth gwrs, ar y cychwyn cyntaf, roedd
pobl wedi bod yn dal na allai llong haearn wneud dim
ond suddo i'r gwaelod ! Ond roedd Brunel ac eraill wedi
profi ers tro fod hynny'n ffolineb. A'r ddadl oedd yn
mynd ymlaen ym 1854, ac am flynyddoedd wedyn, oedd
dadl ynglyn ag effaith y môr hallt ar yr haearn. Yr oedd
sôn am longau haearn yn cyrraedd porthladd ar ôl
mordaith hir, â'r holl ' rivets ' yn eu gwaelod wedi rhydu
ymaith. Pan suddodd y "Royal Charter" ymddangosodd
llythyr yn y *Times* yn awgrymu mai achos y trychineb
oedd rhwd yn ei gwaelod. Ond nid oedd hynny'n wir
serch hynny. Fe brofwyd yn yr ymholiad yn ddiweddarach
fod ei chragen haearn mewn cyflwr da.

Gwyddom fod gwrthwynebiad bob amser i bob newid
chwildroadol, ac felly yr oedd hi pan ddaeth y newid o
goed i haearn yn hanes llongau.

Y mae'r ddadl fod y môr yn cael llai o effaith ar bren
derw nag ar haearn yn un deg. Rai blynyddoedd yn ôl
cefais gyfle i ymweld â thraeth Cefn Sidan yn sir Gaer-
fyrddin. Yno mae nifer o hen longau yn gorwedd yn y
tywod ers yr hen ddyddiau—rhai o bren a rhai o haearn.
Sylwais fod y rhai haearn wedi rhydu'n ddim bron, tra
mae'r llongau pren yn dal yn rhyfeddol o hyd.

Cynlluniwyd y "Royal Charter" gan Mr. Grimrod o

Lerpwl, gŵr a oedd yn arbenigwr enwog yn ei ddydd. A'r "Royal Charter" oedd ei gampwaith, ac uchafbwynt ei gelfyddyd.

Pan gynlluniwyd hi gyntaf, y bwriad oedd iddi fod yn llong hwyliau yn unig, ond yn ddiweddarach penderfynwyd rhoi injian a phropelor iddi hefyd. Fe fu tipyn o helynt ynglyn â hi cyn iddi erioed fynd i'r dŵr. Fe aeth y cwmni a oedd wedi ei harchebu yn y lle cyntaf yn fethiant cyn iddi gael ei chwblhau. Prynwyd hi fel yr oedd wedyn gan gwmni Gibbs Bright, Lerpwl—cwmni mawr iawn a oedd yn berchen llawer o longau o bob math.

Penderfynodd y cwmni newydd ei gwneud yn fwy o hyd, ac fe wnaed rhai cyfnewidiadau eraill i'w haddasu at y gwaith a oedd gan Gibbs Bright ar ei chyfer—sef morio i Awstralia ac yn ôl yn yr amser byrraf posibl.

Fe'i cwblhawyd o'r diwedd a chychwynnodd ei thaith i lawr yr afon tua Lerpwl i'w dodrefnu a'i pharatoi ymhellach ar gyfer y môr agored.

Ond wrth fynd i lawr yr afon fe drawodd ar y tywod ; a chyn ei chael oddi yno roedd wedi cael tipyn o niwed, ac fe gostiodd yn ddrud mewn arian ac amser i Gibbs Bright i'w hatgyweirio yn nociau Lerpwl. Ni lwyddwyd i'w symud o gwbwl nes cael ' dredgers ' i symud y tywod oedd yn ei dal.

O'r diwedd roedd hi'n barod i'w mordaith gyntaf ! Erbyn hyn roedd hi wedi ei dodrefnu'n gyfforddus iawn ac roedd iddi dri mast uchel a siwt lawn o hwyliau. Roedd hi'n llong hardd eithriadol yn gorwedd ym mhorthladd Lerpwl, â'i phaent gwyn, glân yn disgleirio yn yr haul. Yr oedd iddi ffurf luniaidd y ' clippers,' ond yn wahanol i'r rheini roedd ganddi, fel y dywedwyd, injian fechan, a phropelor. Gelwid hi felly yn ' steam clipper '.

Mae'r enw ' clipper ' wrth gwrs, yn dwyn i gof y llongau hwyliau hynny a oedd yn ddihareb yn eu cyfnod am eu cyflymdra. Yr oedd rhai o'r hen ' clippers ' yn enwog iawn am eu gorchestion ar y môr. Er enghraifft fe hwyliodd un o'r enw ' James Baines ' dros 400 milltir mewn un diwrnod. Aeth un arall i Awstralia mewn 60 niwrnod—siwrnai a gymerai i long gyffredin bron gymaint ddwywaith o amser yn y dyddiau hynny. Mae enwau rhai o'r hen ' clippers ' enwog yn dal i ' berarogli ' yn y cof o hyd—enwau fel y "Taeping", yr "Ariel" a'r "Cutty Sark." Mae'r "Cutty Sark" yn aros o hyd, wrth gwrs, ond mewn doc sych ar lan afon Tafwys yn Greenwich y mae hi heddiw, ac nis gwelir byth mwy â'r gwynt yn llanw'i hwyliau mawr a'r môr yn agor o flaen ei bow miniog.

Am ganrif gyfan fe fu'r ' clippers ' yn rheoli'r moroedd, a phan ddaeth eu cyfnod i ben aeth llawer o'r rhamant allan o fywyd y morwr. Yn lle'r tri mast uchel a'r hwyliau gwynion fe ddaeth y ffynnel fyglyd a'r sgriw yn troi yn y dŵr.

Mae'n debyg mai yn America yr adeiladwyd y ' clipper ' gyntaf. Dyna pam y galwai pobl hwy'n ' Yankee Clippers.' Yr hyn oedd yn eu gwneud yn wahanol o ran ffurf i longau eraill oedd eu hyd aruthrol a chulni eu ' beam '. Hynodrwydd arall, wrth gwrs, oedd y nifer fawr o hwyliau a ddefnyddient. Yr oedd y "Royal Charter," er enghraifft, yn cario cymaint â 15,000 o lathenni o hwyliau ! Ac roedd ei mên mast yn lathen a hanner o drwch !

"Milgwn chwim y weilgi" y galwodd rhyw hen fardd y ' clippers.' Defnyddiwyd hwy'n hennaf i gludo te o Tseina a gwlân o Awstralia. Mae llawer o storiau rhamantus am yr hen gapteniaid yn dreifio eu llong a'u criw'n ddi-drugaredd er mwyn bod yn gyntaf i gyrracdd porthladd â llwyth o de o Tseina. Gan y byddai bonws da bob amser i'r capten a ddygai ei long adre'n gyntaf, does dim rhyfedd eu bod yn gyrru mor ddi-drugaredd. Clywais am un hen gapten yn gwrthod gadael y pŵp am ddiwrnodau a nosweithiau gyda'i gilydd, er mwyn bod wrth law i roi gorchmynion pe bai'r gwynt yn troi. Eisteddai mewn cadair fawr yno yn gwylio popeth ac yn gwrando ar sŵn y gwynt.

Yr un mor rhamantus,—er efallai yn fwy trist,—yw hanes y rasio a fu'n ddiweddarach rhwng y ' clipper ' a'r stemer. Pan fyddai'r gwynt o'i thu byddai'r ' clipper ' yn mynd ar y blaen, gan deithio cymaint â phymtheg not yr

awr, tra roedd y stemer yn gorfod bodloni ar naw neu
ddeg not ar y mwyaf. Ond wedyn pan fyddai'r gwynt yn
methu neu'n mynd yn groes, byddai'r llong stêm yn
ennill. Gwyddom ni heddiw mai'r stemer a enillodd yn y
diwedd, ac iddi yrru'r ' clipper ' hardd a lluniaidd allan
o fodolaeth. Ond yn 1859 yr oedd yna lawer o bobl o
hyd yn credu na allai unrhyw fath o long ddi-sodli'r
' clipper.' Gyda hi y cyrhaeddodd celfyddyd y morwr ei
uchafbwynt. Yr oedd y morwr a allai drin hwyliau a
rhaffau cymhleth y ' clipper ' yn forwr yn wir. Ac roedd y
Capten a allai ddod â hi adre o Awstralia mewn 60
niwrnod yn feistr llwyr ar ei grefft. Edrychai morwyr y
' clippers ' i lawr ar forwyr y llongau stêm, fel creaduriaid
is-raddol, nad oeddynt yn forwyr cyflawn yng ngwir
ystyr y gair.

Ond stêm oedd piau'r dyfodol serch hynny, a chyn
diwedd y ganrif roedd dyddiau'r ' clippers ' wedi dod i
ben. Ac er y gellid gweld rhai ohonynt yn hwylio'r
moroedd, ac yn addurno porthladdoedd pell y byd â'u
mastiau uchel a'u hwyliau mawr, ym mlynyddoedd
cynnar y ganrif hon,—pethau'n perthyn i'r gorffennol
oedden nhw erbyn hynny.

Fe geisiodd perchnogion y "Royal Charter" gael y
gorau o'r ddau fyd. Fe roddwyd iddi dri mast mawr a
gwisg lawn o hwyliau, a hefyd injian a sgriw, fel y
dywedwyd eisoes, er mwyn ei gyrru yn ei blaen pan
fyddai'r gwynt yn groes neu wedi pallu. Roedd hi'n 320
troedfedd o hyd a'i ' beam ' yn 41 troedfedd a 6 modfedd.

EI MORDAITH GYNTAF

Pan gychwynnodd y "Royal Charter" ar ei mordaith gyntaf yr oedd ar ei bwrdd ŵr o'r enw William Scoresby—y *Parch.* William Scorseby, M.D.—a oedd yn teithio arni er mwyn ceisio penderfynu beth oedd effaith "magnetism" y llongau haearn ar y cwmpawd.

Yr oedd capteniaid y llongau haearn cyntaf wedi cwyno wrth y perchnogion eu bod yn cael trafferth weithiau i lywio cwrs cywir am fod metel y llong yn effeithio ar nodwydd y cwmpawd. Fe'u caent eu hunain weithiau gymaint â 80 milltir neu ragor allan ohoni, ac ar hyd nos neu mewn storm, fe allai hynny olygu llong-ddrylliad. Yr oedd Scoresby yn arbenigwr ac yn ŵr trwyadl iawn, a phan ddychwelodd i Loegr, fe aeth ati i sgrifennu llyfr ar y pwnc. Ac wrth wneud hynny, fe adawodd i ninnau bictiwr da o r "Royal Charter", oherwydd yn ei lyfr fe geir rhyw fath o ddyddiadur o fywyd ar ei bwrdd. Cawn syniad o'i chyflymdra, ei beiau a'i rhinweddau, a'r modd yr oedd y criw yn llwyddo i gael y gorau ohoni.

Ar ddydd Iau, Ionawr 17, 1856 am ddau o'r gloch prynhawn, gyda chriw o 106 a nifer y teithwyr yn 400, fe adawodd y "Royal Charter" Lerpwl ar ei mordaith gyntaf. Yr oedd hi ar ei ffordd i Awstralia. Ar ei bwrdd yr oedd teuluoedd a oedd wedi penderfynu ymfudo a chymryd eu siawns yn y cyfandir newydd—lle, yn ddiweddar, yr oedd *aur* wedi ei ddarganfod. Yr oedd rhai o deithwyr y "Royal Charter" ar eu ffordd i'r "diggings" lle roedd llawer un wedi gwneud ei ffortiwn dros-nos yn barod.

Yr oedd rhywun wedi penderfynu y byddai'r "Royal Charter" yn hwylio'n well â thipyn go lew o falast yn ei howld. Ond yr oedd y rhywun hwnnw wedi gwneud camgymeriad mawr, oherwydd, cyn gynted ag y cyr-

haeddodd hi'r môr agored, fe welwyd fod gormod o
dipyn o falast ynddi, ac rocdd hi'n methu hwylio'n dda
oherwydd hynny. Yr oedd hi'n gorwedd yn rhy isel yn y
dŵr. Yr oedd gorlwytho'r "Royal Charter" fel pe baech
yn rhoi gormod o bwysau ar gaseg rasio, a disgwyl iddi
ennill y râs.

Y dull o hwylio'r "Royal Charter" oedd hwn. Pan
fyddai'r gwynt yn methu (neu yn groes), byddai rhaid
cynnau'r tân a chael stêm i droi'r sgriw i'w gyrru yn ei
blaen. Wedyn pan fyddai'r gwynt yn ffafriol, a'r llong yn
mynd dros rhyw 7 not yr awr, byddai rhaid stopio'r sgriw
a'i chodi o'r dŵr, neu byddai'n llusgo ac yn rhwystro
cyflymdra'r llong. *Ond*, darganfuwyd fod y balast mawr a
gariai wedi gwneud iddi forio mor isel yn y dŵr nes ei
gwneud yn amhosib codi'r sgriw o afael y môr. Felly, pan
fyddai gwynt da'n chwythu, roedd y sgriw yn y dŵr yn
dal y "Royal Charter" yn ôl. Hefyd roedd y gormod
balast yn ei gwneud yn anodd ei thrin.

I ychwanegu at ei thrafferthion fe aeth ei chapten yn
sâl. Boyce oedd ei enw, ond nid yw Scoresby'n dweud
wrthym beth oedd yr afiechyd a'i poenai.

Yr oedd pawb ar y "Royal Charter" yn bur anfodlon
ar y ffordd yr oedd hi'n hwylio. Ond fe waethygodd
pethau'n ddirfawr pan ddaeth hi i Biscay. Yno fe gafodd
ei phrofiad cyntaf o "dywydd mawr." Codai'r tonnau'n
uchel a disgyn ar ei deciau newydd sbon, a chafwyd nad
oedd rheini'n ddiddos. Fe redai'r môr i mewn i'r llong.
Y cyntaf i ddioddef oddiwrth hyn, wrth gwrs, oedd y
teithwyr yn y 3ydd dosbarth. Aeth y dŵr i mewn ar eu
pennau a gwlychu eu dillad a'u gwelyau. Pan waeth-
ygodd y storm fe aeth y dŵr hefyd i gabanau teithwyr yr
ail ddosbarth a'r dosbarth cyntaf. Âi'r môr i mewn trwy
graciau yn estyll y dec, trwy'r "skylights" a thrwy lawer
ffordd arall. Yr oedd y teithwyr yn wlyb domen, ac ni
allent gysgu yn eu gwelyau am fod dŵr y môr yno o'u
blaen. Fe aeth pethau mor ddrwg fel yr oedd y cargo yn
yr howld mewn perygl.

Yr oedd Scoresby, a oedd yn hen forwr ei hun, wedi
darganfod beth oedd beiau'r "Royal Charter" ; a'i farn

ef oedd y dylai hi gael mynd yn 'i hôl i gael gwared o
lawer o'r balast, a chael rhywrai i stopio'r dŵr rhag llifo i
mewn i'r llong. Aeth at y Capten, a oedd yn gorwedd yn
ei wely. Dywedodd wrtho ei fod yn gofidio ynghylch
cyflwr pethau ar y "Royal Charter". Gofynnodd y
Capten iddo beth, yn ei dyb ef, y dylid ei wneud. Awgrym-
odd mai gwell fyddai troi'n ôl. Troi'n ôl ! Ond byddai
hynny'n sarhad ar y llong, y criw a'r perchnogion ! Fe
allai roi enw drwg i'r "Royal Charter" am byth, ac fe
fyddai penaethiaid Gibbs Bright yn ffyrnig pe troai'r
llong yn ei hôl. A beth am y teithwyr—gofynnodd y
Capten ? Wedi'r cyfan nhw ddylai gael y gair olaf.
Addawodd Scoresby fynd o gwmpas i ofyn barn y rheini.
Pan ddychwelodd i gaban y Capten, y neges a oedd
ganddo oedd fod y mwyafrif llethol wedi cael digon ar yr
anghysur a'r diffygion, ac yn barod i droi'n ôl. Serch
hynny teimlent yn siomedig iawn fod pethau wedi troi
allan fel y gwnaethant. Ar ôl dychwelyd i borthladd,
byddai rhaid cychwyn allan eto, a dioddef, efallai, yr un
caledi ag a ddioddefasant y tro cyntaf.

Dychwelodd y "Royal Charter" i Plymouth er mawr
siom i'w pherchnogion a oedd eisoes wedi cael llond bol o
drwbwl ganddi. Ond aethpwyd ati ar unwaith i godi o'r
howld tua 400 tunnell o falast. Golygai hyn lafur mawr,
gan fod rhaid symud tipyn o'r cargo cyn cyrraedd ato.
Ar yr un pryd fe roddwyd crefftwyr ar waith i ddiddosi'r
llong rhag i ragor o ddŵr y môr redeg i mewn iddi.

Yr oedd hi'n 16eg o Chwefror cyn iddi ddod yn barod i
hwylio eto.

Ond y tro hwn fe ddangosodd y llong nad oedd dim o'i
le ar ei gwneuthuriad o gwbwl. Fe wnaeth cael gwared o'r
balast wahaniaeth y byd iddi. Yn awr yr oedd hi'n
hwylio ac yn marchogaeth y môr cystal â'r "clippers"
gorau.

Yr oedd y tywydd yn fwy ffafriol y tro hwn hefyd.
Meddai Scoresby : "The day of our sailing was beautiful,
the wind moderate from south-eastwards, which, con-
sidering the previous stormy weather, was very cheering."

Yn fuan iawn yr oedd Scoresby'n canu clodydd y "Royal
Charter" yn frwdfrydig iawn.

"*Saturday, February 23* : Blowing a gale. At day-break,
set top gallant sails, and though blowing very hard, the
peculiar and splendid qualities of the ' Royal Charter '
now became conspicuous. In a gale, which placed two
vessels we passed under double-reefed topsails and fore-
course, the ' Royal Charter ' carried her entire double
topsails, mizen and forecourse entire, and main and fore-
top gallant sail ! Yet with all this sail she yielded only in
an angle of 10°."

Fe wyddai Scoresby erbyn hyn ei fod yn teithio ar un
o'r llongau mwyaf eithriadol a hwyliodd y moroedd
erioed. Yn ystod y gêl uchod roedd hi'n teithio tua 15 not
yr awr, a chadwodd i fynd felly am bedair awr, nes i'r
gwynt ostegu.

Dywed iddi basio dwy long arall—fel pe baen nhw wrth
angor ynghanol y môr.

Ar y 27ain o Chwefror hwyliodd y "Royal Charter" i
mewn i'r Trofannau, ac yn awr mae dyddiadur Scoresby'n
rhoi darlun i ni o dywydd heulog a mordaith hyfryd a
hapus dros ben. Mae'r llong yn hwylio o flaen y "Trade
Winds" cyson fel aderyn, â'i hwyliau gwynion mawr yn
llawn.

Bore trannoeth mae'r Capten yn caniatau cael bagiau
a chistiau'r teithwyr i fyny o'r howld, er mwyn iddynt
gael newid i ddillad ysgafnach. Mae'r gwres ganol dydd
yn 70° ac ni wna'r dillad gwlân trwchus, a oedd mor
ddefnyddiol wrth adael Plymouth, ddim mo'r tro yn awr.

Taerai'r teithwyr na fu erioed fordaith hapusach.
Erbyn hyn mae dawnsiau a chyngherddau'n cael eu
cynnal ac mae'r bechgyn a'r merched ifainc wrth eu
bodd. Mae'r gwragedd a'r mamau'n treulio'r prynhawnau
hyfryd yn eistedd mewn cadeiriau ar y dec, yn darllen
neu'n gwnio. Yn eu hymyl mae eu gwŷr, hefyd mewn
cadeiriau, yn smocio, yn siarad, neu yn cysgu. Ac uwch eu
pennau mae'r gwynt yn canu yn y rigin a'r "Royal
Charter" yn llithro'n ddistaw ond yn gyflym drwy'r môr
glas.

Mor wahanol oedd mordaith gyntaf y "Royal Charter" i'r rhai arferol mewn llongau cyffredin. Fe gymerai'r rheini'n aml ryw 120 o ddiwrnodau i gyrraedd Awstralia, ac mae'n wir i ddweud mai anaml iawn y cyrhaeddent ben eu taith heb golli rhai bywydau. Yn wir, dywed Alexander McKee (*The Golden Wreck*), "Fifty to a hundred deaths per ship per passage was not considered unusual." Mae'n anodd credu peth fel yna, ond mae McKee yn hanesydd y gellir dibynnu arno. Nid yw'n hawdd i ni ddychmygu sut oedd hi ar y teithwyr tlotaf ar yr hen longau. Fe gaent eu gwthio i'r "steerage" yn bendramwnwgl gyda'i gilydd, a byddai rhaid iddynt gyflawni bron pob gweithred fach breifat yng ngwydd ei gilydd. Mewn gair, yr oeddynt yn gorfod byw fel anifeiliaid am rhyw bedwar mis neu fwy. Pan gofiwch y bryntni a'r clefyd, a diffyg meddygon da, nid yw mor anodd coelio fod cynifer yn marw ar un fordaith.

Ond ar y "Royal Charter" roedd hyd yn oed y teithwyr cyffredin yn byw mewn amgylchiadau cyfforddus, tra'r oedd y teithwyr dosbarth-cyntaf yn teithio mewn moethusrwydd mawr.

Fe gawn gan Scoresby ddisgrifiad o ginio gyffredin yn y Salŵn (i deithwyr dosbarth cyntaf) :

"The dinner is served up in silver plate. The bill of fare for February 21st, which is a fair sample of the ordinary provision, ran as follows :—2 joints of roast beef ; 2 roast and 1 boiled mutton ; two roast and two boiled chickens, 4 dishes of mutton cutlets, 4 dishes of mutton curry ; 1 ham, 2 tongues, 2 roast pork and apple sauce ; 2 mutton pies. Vegetables—potatoes, carrots, rice, cabbage, etc. Pastry—4 plum puddings (brandied), 4 rice puddings, 6 fruit tarts, 4 open tarts, 2 sago puddings. Desert, various.

For breakfast, tea and coffee with milk from the two cows kept on board ; beef steaks, mutton cutlets, Irish stew, spiced ham, cold beef or mutton, ham, sardines, rice porridge, stewed mutton, with bread baked on board . . ."

Dyna foethusrwydd yn wir ! Ond rhaid cofio fod

mordaith i Awstralia ac yn ôl, fel teithiwr dosbarth cyntaf ar y "Royal Charter", yn costio tua £240. Mae hyn yn dangos mai llong foethus oedd hi—yn bennaf ar gyfer y teithwyr gwell na'i gilydd.

Wrth nesau at y Cyhydedd, fe ddechreuodd y teithwyr ddioddef tipyn oddi wrth y gwres llethol. Roedd y thermomedr yn dangos rhwng 85°—90°, a theimlai pawb yn llesg a difywyd iawn.

Ond i lawr ym mherfedd y llong, lle roedd yr injian a'r tân, yr oedd yn 130°, ac roedd y morwyr a weithiai yno yn llewygu gan y gwres. Ond gan fod y gwynt am y tro wedi methu'n llwyr, yr oedd yn rhaid iddynt fod wrth eu gwaith. Ond gofalai'r Capten am ddigon o ddiod iddynt i dorri eu syched. Fe gaent faint a fynnent o gwrw neu frandi â dŵr. Ond hyd yn oed wedyn byddent yn cael eu gyrru bron yn wallgof gan y poethder llethol.

Croesodd y "Royal Charter" y Cyhydedd ar y 5ed o Fawrth am 9.30 yn yr hwyr, ac yn union wedyn fe gododd awel fechan, iachus, a derbyniol dros ben. Cyn bo hir fe gododd yn wynt, ac unwaith eto gallai'r llong ddibynnu ar ei hwyliau mawr.

Yn ystod y fordaith roedd Scoresby, a oedd fel y dywedwyd, yn hen forwr—wedi bod yn sylwi'n fanwl ar y "Royal Charter" a'r ffordd yr oedd hi'n perfformio. Ar ôl gwylio'i hymddygiad ymhob math o dywydd, darganfu nad oedd hi'n medru gwneud dim byd eithriadol pan oedd y gwynt yn ysgafn. Ond mewn gêl, nid oedd Scoresby wedi gweld dim tebyg iddi erioed.

"It was a splendid sight to watch this noble ship during a squall, with main and fore royals, and all other sails in full spread."

Ac er ei bod hi bryd hynny yn cyrraedd cyflymdra o bymtheg not—rhywbeth na welodd yr hen forwyr erioed tan ddyddiau'r "clippers"—"the motion was easy and graceful."

Ar y 17eg o Fawrth, ar ôl bod fis ar y dŵr, fe welodd teithwyr y "Royal Charter" yr albatros, yr aderyn gwyn, anferth hwnnw sy'n byw yn unigeddau moroedd y De. Fel y gwyddys, mae gan forwyr olwg fawr ar yr aderyn yma, a chredant fod ei weld yn dilyn y llong yn arwydd lwcus. Credant hefyd fod niweidio'r albatros yn siŵr o ddod ag anlwc.

Yr oedd nifer o'r teithwyr yn gweld yr aderyn am y tro cyntaf, ac fe synnent at ei faint ac at led yr adenydd mawr, gwyn oedd yn ei gludo mor rhwydd dros wyneb y môr. Dilynnodd hwy nes iddi fynd yn rhy dywyll i'w weld yn y starn. Y noson honno, gan ei bod yn ddydd Sant Padrig, mynnodd y Gwyddelod ar y bwrdd gynnal dawns a chân a phob rhialtwch, ac aeth Scoresby yn hwyr i'w wely.

Bore trannoeth deffrowyd ef gan sŵn saethu, a phan gyrhaeddodd y dec, gwelodd nifer o wŷr ifainc o fysg y teithwyr dosbarth cyntaf yn sefyll ar y pŵp-dec yn tanio ar yr albatros, a oedd yn dal i ddilyn y llong. Ond erbyn hyn yr oedd sawl un o'r adar prydferth yn y golwg. Teimlai Scoresby'n ddig iawn wrth y bechgyn ifainc yma. Gan ei fod ef ei hun yn hen forwr, efallai fod peth ofn arno y byddai rhyw ddial yn disgyn arnynt pe baent yn niweidio'r albatros. Aeth atynt i geisio ganddynt beidio. Ond hawliai'r saethwyr mai adar creulon, ysglyfaethus oeddynt, ac felly roedd hi'n iawn i'w saethu.

Yna gwelodd Scoresby un o'r adar mawr yn cloffi ar ei adain, ac yn syrthio i'r môr, wedi ei saethu a'i glwyfo'n angheuol. Achosodd hyn dipyn o fraw i rai o'r teithwyr a'r criw, ond nid oedd y bechgyn ifainc yn hidio'r un botwm. Chwarddent wrth weld ymdrechion trwsgl yr aderyn i godi unwaith eto o'r dŵr—cyn suddo o'r golwg dan y tonnau.

Teimlai Scoresby, a nifer o'r criw yn ddig iawn am yr hyn oedd wedi digwydd. Ond yn fuan iawn cawsant achos i fod yn fwy dig fyth. Pan flinodd y gwŷr ifainc ar geisio saethu'r albatros, fe aethant ati i bysgota. Taflodd un ohonynt lein, â bach ac abwyd arni, i'r môr. Meddyliodd un albatros, a oedd yn dal i ddilyn y llong, mai tamaid blasus wedi ei daflu iddo ef oedd yr abwyd hwnnw—ac fe'i llyncodd. Ac, wrth gwrs, fe lyncodd y bachyn dur, creulon hefyd.

Fe fu hwyl a bloeddio mawr ymysg y gwŷr ifainc wedi

deall fod un o'r adar mawr wedi ei ddal. Aethpwyd ati
i'w dynnu i fyny i'r dec. Ar ôl cryn drafferth fe lwyddwyd
i'w gael i fyny ar y pŵp yn fyw. Yr oedd ei weld fan
honno'n olygfa frawychus. Yr oedd ganddo big miniog
tua naw modfedd o hyd, ac roedd yn edrych fel petai'n
barod iawn i'w ddefnyddio i drywanu unrhyw un a
ddeuai'n agos ato. Yn y lle cyfyng hwnnw ar y pŵp-dec
edrychai ei adenydd mawr, deg troedfedd, yn fwy, hyd
yn oed, nag yr oeddynt. Rhuthrai yma a thraw yn ei
ddicter a'i boen, a cheisiodd godi o'r dec droeon. Ond
roedd y bachyn dur yn ei gorn gwddf yn ei ddal yn
ddiogel. O'r diwedd daliwyd ef a thorrwyd ei ben.

Llifodd ei waed dros estyll glân, newydd y dec.

Diau i'r gwaed hwnnw gael ei olchi ymaith yn fuan
iawn gan aelodau o griw diwyd y "Royal Charter," ond
fe gaech chi ddigon o hen forwyr, hyd yn oed heddiw, i
ddweud wrthych na symudwyd y staen hwnnw'n llwyr
tan y 26ain o Hydref, 1859—ar draeth creigiog yn sir
Fôn.

Ond dyna, mae morwyr, fel y dywedais o'r blaen, yn
greaduriaid ofergoelus iawn !

Ymhen rhai dyddiau wedyn fe drawyd y "Royal
Charter" gan yr hyn a alwai Scoresby yn "full gale". Yr
oedd hi yn eithafion môr y De erbyn hyn, ac roedd perygl
fod ia yn y môr o'i chwmpas. Pe bai hi'n taro un o'r
talpiau mawr hynny, gallai fod yn ddigon i'w suddo.
Mae gan Scoresby ddisgrifiad byw o'r gêl, a fu'n chwythu
am dridiau. Roedd y gwynt yn nerthol ac yn gyson, a'r
môr yn ferw gwyn drosto. Yn ystod y storm honno y
dangosodd y "Royal Charter" ei godidowgrwydd a'i
rhagoriaeth. O dan siwt lawn o hwyliau, gwibiai dros y
môr o flaen y gwynt. Nid oedd Scoresby, a oedd wedi
treulio dros ugain mlynedd yn morio, a hynny ar rai o
longau gorau a chyflyma'r dydd, wedi gweld erioed y
fath beth.

". . . The flight of the ship before the storm had
become a grand spectacle, as under a cloud of sail—
whole courses and double topsails up to the elevated
royals and wide-spreading studding sails—she cut her

almost noiseless path at great speed through the turbulent seas."

Dywedodd nad oedd erioed wedi gweld unrhyw long yn gallu hwylio'n debyg iddi.

Cyrhaeddodd y "Royal Charter" y cyflymdra o 16 not yn y gêl honno, ac yn ystod y tridiau y parhaodd i chwythu, fe deithiodd bron fil o filltiroedd. Ar y diwrnod cyntaf, â'r gêl ar ei heithaf, fe deithiodd 356 o filltiroedd.

Yr oedd Scoresby (a phawb arall am wn i), wedi syrthio mewn cariad â hi, ac mae ef yn canu mawl yn aml iddi yn ei ddyddiadur. Mae'n sôn amdani fel pe bai'n greadur byw, ac fe'i hanwyla, fel anwylo merch.

Roedd e wedi hwylio yn y "Yankee Clippers," ond, er bod rheini'n llongau cyflym iawn, morio garw, digon i gorddi perfedd dyn, a gaed arnynt ar dywydd stormus. Nid felly'r "Royal Charter". Moriai hi'n llyfn a difwstwr drwy'r dŵr, a hyd yn oed pan oedd hi'n gwneud 15 not, nid oedd Scoresbu'n cael yr argraff fod unrhyw straen arni o gwbwl. Yn ei farn ef, hi oedd *y llong orau a hwyliodd y moroedd erioed, o dan hwyliau ;* ac oherwydd ei brofiad eang, fe ddylai ef wybod.

Ac mewn gwynt mawr yr oedd hi ar ei gorau. Am wneuthuriad y llong, fe ddywed fod ei chynllunydd a'i hadeiladwyr wedi cyrraedd *perffeithrwydd.* Roedd ei llinellau a'i ffurf mor berffaith fel nad oedd hi ddim yn rowlio na rhoncio mewn tywydd stormus. Mewn "full gale" roedd e'n medru gadael ei wydryn gwin ar y bwrdd yn y salŵn, heb ofni y byddai'n colli diferyn.

Fe gyrhaeddodd y "Royal Charter" Port Philip, Melbourne 59 niwrnod ar ôl hwylio o Plymouth. Yr oedd hi wedi "torri'r record", ac wedi dod yn enwog ar ôl ei mordaith gyntaf ! Yn ystod y chwe mis cyn iddi gyrraedd Awstralia, nid oedd yr un llong o Brydain wedi gwneud y fordaith mewn llai na 90 diwrnod.

Cyn mynd i'r lan fe wnaed casgliad i Capten Boyce gan deithwyr y dosbarth cyntaf, ac fe gyflwynwyd iddo bwrs a'i lond o sofrins. Y Capten gafodd y pwrs, ond â dweud y gwir, y "Royal Charter" a'i henillodd—y "Royal Charter"—y llong gyflyma yn y byd.

Cafodd y Parch. William Scoresby, a'i wraig amser da ym Melbourne, a chawsant eu gwahodd i'r tai gorau yn y lle. Cawsant ddeugain diwrnod o wledda a hwyl ymysg cyfoethogion y Cyfandir deheuol.

Yna daeth yn amser i'r "Royal Charter" hwylio adre am Brydain.

Yr oedd sôn am y llong wedi mynd ar gerdded, ac roedd llawer eisiau teithio arni. Roedd rhai'n cynnig unrhyw arian am gaban yn y dosbarth cyntaf. Cyn bo hir roedd pob lle arni wedi ei gymryd.

Pan gyrhaeddodd Scoresby'r llong, deallodd ei bod hi'n cael ei llwytho â chargo gwerthfawr iawn :

"In this and the preceding day nearly 200,000 ounces of gold had been put on board and safely deposited in a strong iron compartment below the lower saloon, and secured by a massive trapdoor of iron and a Bramah's lock,—in boxes generally containing 1,000 ounces. The total weight of treasure taken on board was estimated at nearly ten tons of gold, which with costly jewellery and other precious things might probably reach to the value of a million sterling."

Ac fel yna y daeth y "Royal Charter" i gael ei galw yn "Llong Aur," oherwydd, dyna fu ei gwaith wedyn nes iddi gael ei dryllio ar greigiau Môn—cludo *aur* o'r "diggings" yn Awstralia, i fanciau mawr Lloegr.

Rhwng 1856 a'r 26ain o Hydref 1859 fe gludodd yn ddiogel filiynau lawer o gyfoeth Awstralia i Brydain. Ac ar ei mordaith olaf—yr oedd hi'n brysio tua phorthladd Lerpwl â chargo gwerthfawr o—*aur* !

Mae'n dra thebyg fod nifer o'r rhai a oedd wedi hwylio allan arni yn 1856, yn dychwelyd arni yn 1859—wedi gwneud eu ffortiwn. Ac fe glywaf ambell hen forwr ofergoelus yn holi,—"Tybed a oedd y gwŷr ifainc a laddodd yr albatros arni hefyd ?".

Un gŵr a *oedd* yn hwylio arni ar ei mordaith gyntaf—a'i holaf, oedd Capten Taylor, a aeth i'w ddiwedd gyda hi. Mae Scoresby'n sôn amdano yn ei ddyddiadur. Dywed ei fod wedi mynd allan ar y "Royal Charter" i mofyn adre rhyw hen long arall o eiddo Gibbs, Bright.

Erbyn 1859 yr oedd ef yn gapten y "Royal Charter."

"ROYAL CHARTER"

STEAM CLIPPER.

BILL OF FARE.

Dishes		Soup	Roast	Boiled	Dishes	VEGETABLES, ASSORTED.
		Fish				
						Pastry.
	Beef	Roast				Plum Pudding.
1	Mutton	Roast Mint Sauce				Rice do.
	Veal					Suet do.
	Turkeys					Bread and Butter do.
	Geese					Roll do.
	Ducks					Custard do.
	Fowls					College do.
	Chickens					Apple do.
	Mutton Cutlets					Apple Tart.
	Veal do.				3	Fruit do.
	Stewed Steaks				3	Open do.
	Fricassee of Fowl					Omelettes.
	Curries					Macaroni.
1	Tripe	Corned Beef			30	Rolled Pudding.
	Tongue					Stewed Prunes.
	Pork					
2	Mutton Pies					
	Pig's Head					
	Rabbit					

Rhestr Bwyd y *Royal Charter*

Y RHWYD YN CAU

A R ddydd Llun y 24ain o Hydref, gadawodd y "Royal Charter" Queenstown yn Iwerddon, lle roedd tri-ar-ddeg o'r teithwyr wedi ei gadael. Yr oedd y tywydd yn braf a'r môr fel llyn. Unwaith eto roedd ei mordaith o Awstralia wedi bod yn un hwylus dros ben.

Am bedwar o'r gloch bore dydd Mawrth aeth y llong heibio i oleudy Tuskar, a newidiwyd cwrs i fynd â hi i fyny'r sianel am Lerpwl. A thua'r amser hwnnw fe gododd awel fach o wynt gan grychu'r môr a oedd wedi bod hyd hynny yn "dead calm."

". . . just a little ripple on the water," meddai un o'r tystion yn ddiweddarach.

"At about five o'clock in the afternoon it freshened up," meddai'r un tyst.

Ond nid oedd dim eto i rybuddio'r Capten na'r criw fod y storm fawr ar ddod. Beth bynnag, beth allai ddigwydd iddi bellach ? Roedd hi'n hwylio i fyny'r Sianel—roedd hi gartre bron.

Pan gododd y gwynt fel yna roedd y "Royal Charter" gyferbyn â Chaergybi. Yr oedd llawer o'r teithwyr ar y dec y pryd hwnnw, yn ceisio cael cip ar y "Great Eastern" a oedd yn gorwedd tu allan i'r porthladd yno.

Yn fuan ar ôl pump o'r gloch prynhawn dydd Mawrth, fe newidiodd y tywydd yn sydyn. "It became hazy over the land . . ." Dyma'r tarth neu'r niwl rhyfedd y clywsom amdano gan dystion eraill.

Am chwarter i saith roedd goleudy Pwynt Leinas yn y golwg rhyw saith milltir i'r starbord. Daliai'r gwynt i godi o hyd, ac erbyn wyth o'r gloch roedd hi'n storm. Chwythai'r gwynt o'r Gogledd-Ddwyrain gan dueddu i'r Dwyrain. Gwynt hollol groes oedd hwn i'r "Royal Charter" ar ei ffordd i Lerpwl.

Erbyn hyn edrychai fel petai tynged y llong hardd wedi

ei drefnu'n ofalus gan ryw ffawd greulon. Pe bai'r
barometer wedi rhoi arwydd bendant fod storm fawr ar
ddod, fe allai Capten Taylor, meistr y "Royal Charter"
fod wedi cymryd camau i ddiogelu'r llong ynghynt. Ond
fel y dywedwyd eisoes ni syrthiodd y barometer yn is na
29 milibar o gwbwl yn ystod y storm.

Pe bai'r storm wedi ei dal awr ynghynt fe allai Capten
Taylor fod wedi rhedeg am gysgod ym mae Caergybi.
Ond wrth fynd heibio i Gaergybi doedd gan y Capten
ddim i'w rybuddio o'r ddrycin ofnadwy a oedd ar dorri.

Pe bai'r storm wedi eu dal yn y sianel, fe fyddai gan y
"Royal Charter" ddigon o "sea-room" i'w galluogi i
farchogaeth y storm drwy'r nos.

Ond na, roedd y storm fawr wedi ei dal yn yr union
fan lle'r oedd hi mewn mwyaf o berygl. Yr oedd tir
creigiog sir Fôn yn rhy agos o lawer, ac roedd y gwynt yn
chwythu o'r union gyfeiriad i'w gyrru tuag ato. Fel y
dywcd R. R. Williams yn ei ysgrif werthfawr yn y
Transactions of the Anglesey Antiquarian Society 1959.

"The tragedy (y llongdrylliad) was inexplicable . . .
and uncanny. In her final struggle for survival every
command that her master gave, every turn of the wheel,
and every stroke of the engine only brought her on to a
track and into a position expertly calculated, as it were,
for her utter destruction and the death of all who
sailed in her."

Daeth naw o'r gloch, a thorrodd cynddaredd y storm ar
y "Royal Charter." Yr oedd hi wedi ei denu i fewn i
enau'r rhwyd angheuol ac nid oedd angen ffugio bellach.
Yn awr dangosodd y ddrycin ei dannedd, a diau fod
Capten Taylor yn forwr digon profiadol i wybod fod
noson fawr o'i flaen.

Mae'n amheus a oedd hyd yn oed y Capten wedi profi
storm mor ofnadwy â'r un oedd yn awr yn taflu'r "Royal
Charter" o don i don fel tegan plentyn. Mae'n sicr nad
oedd yr un o'r teithwyr wedi meddwl fod y fath gynnwrf
yn y môr yn bosibl. Yr oedd hi'n dywyll yn awr, fel bol
buwch, ond pan fyddai rocedi'n cael eu tanio ar fwrdd y
"Royal Charter." Roedd Capten Taylor wedi gofalu fod

rocedi'n cael eu tanio'n aml, er mwyn ceisio tynnu sylw cwch peilot i'w llywio i mewn yn ddiogel i Lerpwl. Ond yr oedd hi'n rhy hwyr i ddisgwyl peilot bellach, nid oedd yr un cwch peilot yn debyg o ddod yn agos ati yn y storm honno. Yr oedd hi ar ei phen ei hun, yn ymladd ei brwydr olaf â'r elfennau. Ac nid oedd ei chyflymder godidog, a oedd wedi synnu'r byd, o ddim lles iddi yn awr, waeth doedd ganddi ddim lle i ddianc rhag ei thynged.

Ond daliai'r criw i danio'u rocedi o hyd, ac yng ngolau rheini—am foment—gallent weld maint y tonnau oedd yn torri dros y llong. Yr oeddynt fel mynyddoedd â'u cribau'n aml yn hongian uwchlaw'r dec. A phan ddisgynnent ar y llong fe âi'r cyfan ond y mastiau mawr o'r golwg. A'r gwynt ! Roedd hi wedi mynd yn rhy beryglus i neb ond y morwyr mwyaf profiadol sefyll ar y bwrdd.

Yr oedd Owen Williams o Gaernarfon wrth y llyw, ond roedd y llong wedi gorffen ufuddhau i'r llyw ers amser bellach. Gwyddai ef yn iawn beth oedd ystyr hynny—roedd y "Royal Charter" yn drifftio !

Fe wyddai Capten Taylor hynny hefyd, ac yn awr rhoddodd orchymyn i gymryd "soundings." Gyda thrafferth mawr, oherwydd cynnwrf y môr, fe lwyddwyd i gael gwaelod ar ddeunaw gwrhyd. Ond ymhen chwarter awr nid oedd y gwaelod ddim ond pymtheg gwrhyd o'r dec. Yr oedd y neges yn glir,—roedd y "Royal Charter" yn drifftio'n gyflym tuag at y lan.

Rhoddodd y Capten orchymyn ar unwaith i ollwng dau angor i geisio ei dal yn ei hunfan.

Yr oedd hi yn awr yn 11.15 p.m.

Roedd injian y llong yn dal i guro'n gyson, ac roedd y sgriw yn dal i droi. Ond nid oedd yr injian honno na'r sgriw yn gwneud fawr o wahaniaeth bellach.

Ond fe ddaliodd y ddau angor, er fod llawer o'r morwyr mwyaf profiadol yn meddwl mai torri a wnâi'r ddwy gadwyn a'u daliai. Ac fe fu'n dipyn o galondid i bawb pan gymerwyd "sounding" eto a chael fod y dyfnder yn dal yn bymtheg ffaddom.

Bellach nid oedd dim i'w wneud ond treulio'r nos

ofnadwy honno wrth angor, ac yn y bore, pan fyddai'r storm wedi gostegu a golau dydd wedi dod eto, hwylio eilwaith am Lerpwl a diogelwch. Yn awr cafodd Capten Taylor gyfle i fynd i lawr i'r salŵn mawr i gysuro'r teithwyr, oedd wedi dychrynu'n ofadwy.

Dywedodd tystion yn ddiweddarach fod ei eiriau tawel a'i ymddygiad ffyddiog wedi tawelu hyd yn oed y mwyaf ofnus. Yr oedd gan bawb feddwl uchel o'r Capten, ac roedden nhw wedi gwneud tysteb iddo ar y ffordd adre o Awstralia, ac roedd swm da o arian wedi ei gasglu a'i gyflwyno iddo cyn cyrraedd Iwerddon.

Yr oedd yna weinidog yr Efengyl o'r enw Mr. Hodge ar y llong, ac yr oedd ef a nifer o'r teithwyr ar eu gliniau'n gweddio'n daer am ofal Rhagluniaeth i'w tywys yn ddiogel drwy'r storm. Ac felly y buon nhw hyd y diwedd, tra codai'r môr a'r gwynt yn uwch, uwch o hyd. Ond ofer fu eu gweddiau'r noson honno, oherwydd pan ddaeth hi'n greisis eithaf ar y "Royal Charter" y gweinidog duwiol hwnnw oedd un o'r cyntaf i foddi.

Yn awr fe wnaeth Capten Taylor ei gamgymeriad mawr. Fe gymerodd yn ganiataol fod y ddau angor yn mynd i ddal y llong yn ei hunfan trwy'r nos.

Er nad oedd fawr ddim o hwyliau ar y "Royal Charter" erbyn hyn, yr oedd ei rigin a'i mastiau mawr yn dal y gwynt yn ddifrifol, ac yn achosi mwy o straen ar gadwyni'r ddau angor. Yr hyn y dylid bod wedi ei wneud felly oedd torri'r tri mast ymaith a gadael iddynt gael eu chwythu dros yr ochr i'r môr. Byddai hynny'n lleihau gafael y gwynt ar y llong. Fe fu siarad am dorri'r mastiau ymysg prif swyddogion y llong, ond ni roddodd y dyn a oedd mewn awdurdod ar ei bwrdd—sef Capten Taylor—y gorchymyn i wneud hynny, nes oedd hi wedi mynd yn rhy hwyr. Barn nifer o arbenigwyr yn ddiweddarach oedd, y byddai'r llong wedi ei hachub pe bai Capten Taylor wedi cymryd y cam yma.

Ond mae'n hawdd bod yn ddoeth ar *ôl* gweld y can-lyniadau. Ar y foment honno diau fod y Capten yn meddwl fod dwy gadwyn yr angorau'n ddigon cryf i ddal y straen. Diau hefyd ei fod yn meddwl mai trychineb

fyddai torri mastiau mawr ei long hardd. Torri mastiau'r
"Royal Charter"—y "clipper" gyflymaf ohonynt i gyd !
Yr oedd y Capten yn caru ei long, a byddai gweld ei
handwyo trwy dorri ei mastiau yn ddolur llygaid ac yn
boed enaid iddo.

Felly fe oedodd, a bu'r oedi'n angheuol. Byddai'n
well o dipyn iddi gael ei mastiau wedi'u torri na'r hyn a
ddigwyddodd iddi yn y diwedd. Gwell "clipper" heb ei
mastiau na phentwr di-siâp o haearn a choed ar greigiau
Moelfre.

Am hanner awr wedi un yn y bore, a hithau fel y
fagddu, a'r môr yn gynddeiriog, fe dorrodd cadwyn un
o'r angorau.

Fe geisiwyd cael un arall i'r dŵr, ond cyn iddynt allu
gwneud hynny fe dorrodd cadwyn yr angor arall.

Dechreuodd y "Royal Charter" ddrifftio'n gyflym am
y lan. Nid oes neb ond y sawl sydd wedi cael profiad o'r
peth yn gallu dychmygu teimladau morwyr profiadol pan
fydd llong yn drifftio'n ddi-arbed trwy'r tywyllwch, fel
roedd y "Royal Charter" yn ei wneud yn awr. Nid oedd
dim y gallai neb ei wneud drosti bellach. Roedd hi'n
gwrthod llywio, roedd yr injian a'r sgriw—er yn dal i
droi—yn methu a'i rhwystro rhag rhedeg yn feddw o
flaen y gwynt mawr. Ac i lawr yn y cabanau ac yn y
salŵn mawr roedd rhai'n crio, rhai'n gweddio, a rhai yn
ôl yr hanes yn *cysgu* !

Roedd y "Royal Charter" wedi troi cefn ar y storm yn
awr ac yn mynd am y tir yn frawychus o gyflym. Ac wrth
ei starn rhedai'r tonnau fel bleiddiaid cynddeiriog yn
awyddus i'w gweld yn mynd i'r gwaelod. Yn awr ni
wnai'r injian a'r propelor ond ei brysio tua'i diwedd.
Fel milwr llwfr roedd y "Royal Charter" wedi rhoi i
fyny'r frwydr, ac roedd hi'n ffoi. Ond, gwaetha'r modd,
nid oedd ganddi le i ffoi. Beth a roddai Capten Taylor y
funud honno am "sea-room" ?

Roedd hyd yn oed y teithwyr wedi sylweddoli fod y
llong wedi troi'n llwfr. Gallent deimlo'i chywilydd yn y
ffordd roedd hi'n rowlio a rhoncio yn y dŵr.

Rhedodd llawer o'r teithwyr yn awr i'r dec i geisio

cael gwybod beth oedd yn digwydd ac i weld faint oedd y
perygl. Ni allent aros bilô heb gael rhyw wybodaeth.
Ond gyrrwyd hwy yn eu holau gan y criw gan eu bod
mewn llawer mwy o berygl ar y dec. Yr oeddynt hefyd yn
rhwystr i aelodau'r criw, a oedd yn cael gwaith cadw'u
traed ar y dec, heb sôn am ofalu am ddiogelwch pobl
eraill.

O'r diwedd rhoddodd Capten Taylor orchymyn i
dorri'r mastiau mawr i ffwrdd. Nid gorchwyl hawdd
oedd hwnnw yn y storm honno, ac yn y tywyllwch
Eifftaidd. (Roedd y storm wedi diffodd goleuadau'r llong
bob un, a lampau llaw yn unig oedd ganddynt yn awr.)

Ymosodwyd yn gyntaf ar y rhaffau tew a ddaliai'r
mên-mast. Wiliam Foster y saer oedd yng ngofal y gwaith
yma a'i fwyelli a'i gyllyll ef oedd gan y criw yn awr yn
ceisio torri'r rhaffau. Wedyn dechreuwyd llifio trwy'r
mast mawr.

Yna teimlodd pawb ar y llong ysgytwad fawr, a daflodd
rai pobl oddi ar eu traed. Ar unwaith gwyddai pawb nad
y gwynt na'r tonnau oedd wedi achosi'r ysgytwad
honno. Roedd y "Royal Charter" wedi taro. Yn awr
clywyd gweiddi ac wylo truenus i lawr yn y salŵn a'r
cabanau. Yr oedd y plant a'r gwragedd mewn dychryn
mawr erbyn hyn, ac nid oedd y dynion fawr iawn gwell.
Dechreuodd pob math o stori fynd o gwmpas.

Roedd y "Royal Charter" yn suddo ! Roedd twll yn ei
gwaelod ac roedd y môr yn rhuthro i mewn ! Dyna'r
math o eiriau gwyllt oedd yn mynd o ben i ben ymysg y
teithwyr. Cydient yn aelodau o'r criw os digwyddai un
ddod yn agos atynt, a mynnent ei holi'n fanwl beth oedd
yn mynd i ddigwydd iddynt. Roedd panic wedi cydio
ynddynt i gyd bron. Gofynnent o hyd am y Capten, ac o'r
diwedd gadawodd hwnnw'r dec a mynd i lawr i'r salŵn
mawr i geisio'u cysuro unwaith eto. Yn ôl Alexander
McKee, *The Golden Wreck*, dyma'r geiriau a ddefnyddiodd
pan gyrhaeddodd y salŵn :

"Ladies, we are on shore. You need not be afraid.
We are on a sandy beach, and embedded in the sand.

We are not ten paces from the shore, and the tide will leave us dry. In ten minutes you will all be safe."

Torrodd ochenaid fawr o ryddhad o enau'r teithwyr a oedd funud ynghynt mewn dychryn bywyd. Chwarddodd rhai trwy eu dagrau a dechreuodd eraill guro dwylo. Doedd dim angen pryderu wedi'r cyfan ! Roedd Capten Taylor ei hunan wedi dweud !

Aeth un fam o'r enw Mrs. Fenwick ati ar unwaith i roi sanau glân am draed ei phlant ar gyfer mynd i'r lan. Mae'n anodd gwybod i sicrwydd a wyddai'r Capten ei fod yn dweud celwydd noeth wrth y teithwyr. A oedd ef yn credu, neu yn lled-ddyfalu eu bod ar draeth tywod ? A oedd yn credu y gallai wireddu ei addewid i'w cael yn ddiogel i'r lan ymhen deng munud ? Os oedd, yna roedd e'n go bell ohoni hi. Yn un peth roedd y môr ar drai pan drawodd y "Royal Charter" ac ni ddeuai pen llanw nes byddai'n ddeg o'r gloch trannoeth. Ac roedd hi bryd hynny yn hanner awr wedi tri yn y bore.

Barnai'r arbenigwyr wedyn mai'r ffaith fod y môr ar drai pan drawodd y llong anffodus, oedd yr hoel olaf yn ei harch. Pe bai hi'n ben llanw fel yr awgrymodd y Capten, fe fyddai'r môr wedi tafla'r "Royal Charter" dipyn yn uwch ar y creigiau, a byddai wedi rhoi mwy o gyfle i'r bechgyn ar y lan i achub y teithwyr. Ond eto, roedd ffawd wedi trefnu fod y "Royal Charter" yn taro pan oedd y môr ar drai.

Er fod bow'r "Royal Charter" wedi taro tipyn o dywod meddal,—o'i chwmpas i gyd, ac yn ei hymyl yn wir, roedd creigiau danheddog yn barod i'w malu.

Yn ogystal, tua'r amser yma fe gyrhaeddodd y storm ei hanterth. Rowliai moroedd dychrynllyd dros y dec ac roedd nerth y gwynt yn wironeddol frawychus.

Ar waethaf hynny fe aed ymlaen â'r gorchwyl o dorri'r mastiau ymaith.

Ar ôl torri hanner ffordd trwy'r Mên-mast mawr, fe wnaeth y gwynt y gweddill o'r gwaith trwy ei dorri ymaith fel pe bai'n ddim ond brigyn crin.

Cododd y gwynt ef yn grwn uwchlaw'r dec a'i daflu i'r

môr. Aeth y rigin a'r ' yards ' a'r cyfan gydag ef i grochan y môr.

Cyn bo hir roedd y ffôr-mast wedi mynd yr un ffordd. Dim ond y misn oedd ar ôl yn awr, ac nid oedd hwnnw mor drwchus o dipyn â'r ddau fast arall. Cyn gynted ag y torrwyd y rhaffau a ddaliai hwnnw, fe dorrodd fel brwynen yn uchel i fyny uwchlaw'r dec. Ond yn anffodus nid aeth hwn yn glir dros yr ochr fel y lleill. Disgynnodd ar y dec gan chwalu'r estyll derw. Estyll y dec yn y fan yma oedd hefyd yn gwneud to'r salŵn, a phan ddaeth y don fawr nesaf rhuthrodd tipyn o'i dŵr i lawr ar ben y teithwyr. Unwaith eto cododd sgrechfeydd o ofn ac anobaith o berfeddion y llong.

Barn yr arbenigwyr yn ddiweddarach oedd y gallai *cadw*'r mastiau mawr fod wedi achub y rhan fwyaf o'r teithwyr. Bernid y byddai'r storm wedi hanner dymchwelyd y llong a thaflu blaenau'r mastiau mawr ar y creigiau. Yn y fan honno gallent fod wedi gwneud pont i ddwyn y trueiniaid i ddiogelwch ! Ond dim ond dyfalu yw peth felna, ac ni all neb fod yn siŵr beth fuasai wedi digwydd pe bai'r Capten wedi penderfynu peidio a thorri'r mastiau.

Ysgafnawyd y llong yn fawr pan aeth y mastiau i'r môr, ond pan ddeuai ton fawr drosti fe allai'r teithwyr glywed bwmp, bwmp ei gwaelod yn crafu'r graean. Pe bai hi wedi gallu dal ei gafael yn y tipyn tywod hwnnw nes i'r gwynt ostegu, fe allai fod wedi ei hachub ei hun.

Ond nid oedd y storm yn mynd i ildio'i phrae yn awr.

Wedi cael y "Royal Charter" i'r gornel gyfyng yma, fe gynddeiriogodd y gwynt a chynyddodd y tonnau.

Ac fe drodd y llong ar ei hochr, ac yn awr roedd ei "broadside" tuag at y gwynt a'r tonnau. Cododd un don fawr hi oddi ar y tywod a'i hyrddio ar draeth creulon Moelfre. Ac yn y fan honno y bu hi hyd y bore, yn cael ei malu'n raddol gan y storm a'r creigiau.

Ni allwn ni heddiw ond dychmygu dioddefaint y teithwyr a'r criw yn ystod yr oriau hynny cyn i'r wawr dorri. Dywedodd un a gafodd ei achub, ". . . Those few hours of darkness seemed longer to me than all the previous years of my life." Dywedodd un arall ei bod hi'n rhy dywyll i ddyn allu gweld ei law o flaen ei wyneb. Ac yn y fagddu honno yr oedd sŵn y gwynt a rhuthr cynddeiriog y storm, a sŵn dannedd y graig yn cnoi gwaelod metel y "Royal Charter."

Ymhell cyn y bore rhaid bod geiriau gobeithiol y Capten ynglŷn â mynd i'r lan mewn deng munud yn swnio'n wag iawn i'r teithwyr oedd wedi cymryd ei air heb unrhyw amheuaeth.

Trwy'r oriau tywyll buwyd yn tanio rocedi gleision, llachar i'r awyr i geisio tynnu sylw rhywun at eu cyflwr truenus. Ond ar y fath noson â honno, nid oedd gobaith am gymorth o unman. Yr oedd bad achub ym Moelfre—filltir yn unig o'r fan lle'r oedd y "Royal Charter" y funud honno. Ond ni ellid bod wedi lansio'r bad yn y tonnau a oedd yn taro creigiau Moelfre drwy'r nos. Ac er bod o leiaf ddau gwch peilot o Lerpwl allan yn y bae yn ystod y storm, ni welodd yr un ohonynt rocedi'r "Royal Charter," a phe baent wedi eu gweld ni allent fod wedi dod ati. Dywedodd un o feistri'r cychod hynny'n ddiweddarach, "If we had seen her signals we could not have boarded her in that sea." Dywedodd y llall am y storm—mai hi oedd yr un waethaf a welodd ef yn ystod deugain mlynedd fel peilot. Na, nid oedd y rocedi'n ddim ond gwastraff amser, ond efallai iddynt wneud rhywfaint o les trwy oleuo'r dec a'r môr am foment wrth godi i'r awyr. Roeddynt yn foddion i dorri ar y tywyllwch du oedd yn fwrn ar bawb.

AR DDANNEDD Y GRAIG

FE dorrodd y wawr o'r diwedd. Yn ara bach fe ddaeth rhyw lwyd-olau i erlid duwch ofnadwy'r nos.

Ymhen tipyn daeth y tir i'r golwg. Tir llwm, creigiog a bygythiol ydoedd. Ac roedd e mor agos ! Bron na allai dyn daflu rhaff o'r llong i'r graig lwyd oedd yn codi o'r dŵr. Ac ar y graig honno safai dau ddyn, yn edrych yn syn tuag atynt ! Unwaith eto llifodd gobaith yn ôl i'r calonnau oedd wedi bod yn ofnus a thrist yn ystod y nos. Beth allai ddigwydd iddynt â'r lan mor agos ? Fe wyddai Capten Taylor yn iawn beth oedd eisiau yn awr. Roedd rhaid cael rhywun dewr i fynd â rhaff i'r lan er mwyn cysylltu'r llong â'r tir, fel y gellid cael y teithwyr a'r criw i ddiogelwch.

Ac yr oedd yno ar y "Royal Charter" wr ifanc a oedd yn barod i neidio dros y bwrdd i'r môr berwedig i ddwyn y rhaff i'r lan. Ei enw oedd Joseff Rodgers, brodor o Malta, a nofiwr tan gamp. Fe ddywedodd eraill eu bod yn barod i roi cynnig ar y dasg beryglus, ond Rodgers yn unig oedd o ddifri. Rhaid cofio fod tonnau anferth yn taro ar y llong, ac ar greigiau Moelfre, ac roedd eisiau tipyn o ddewrder i fentro i'w canol.

Pan neidiodd Rodgers i'r dŵr yr oedd ganddo raff denau am ei gorff a chyllell hir, finiog yn ei wregys.

Yr oedd ef yn nofiwr digon profiadol i beidio â gwneud y camgymeriad o ymladd â'r tonnau. Gadawodd i'r don fawr ei gario tua'r tir, ag yntau'n dal ei anadl a chicio'i draed yn y dŵr.

Taflodd y don ef ar y graig, ond cyn iddo allu codi ar ei draed, roedd hi'n ei sugno'n ôl i'r môr. Unwaith eto roedd e' yn y crochan berwedig rhwng y llong a'r traeth. Ond wedyn daeth ton fawr arall a'i daflu i'r lan drachefn.

Y tro hwn cofiodd am y gyllell yn ei wregys. Cydiodd ynddi a'i phlannu yn y graig y gorweddai arni. Y tro hwn pan lifodd y don yn ôl, fe lwyddodd i ddal ei afael trwy gymorth y gyllell. Yna roedd dwylo o'r lan wedi cydio ynddo a'i dynnu i ddiogelwch, cyn i don arall afael ynddo a'i sugno'n ôl i'r môr.

Roedd y bont fregus rhwng y lan a'r llong wedi ei llunio. Gwaith hawdd bellach fyddai achub y teithwyr a'r criw.

Fe aethpwyd ati ar unwaith i baratoi'r hyn a elwir yn "bosn's chair" er mwyn cludo'r teithwyr a'r criw dros yr hafn rhwng y "Royal Charter" a'r tir. Y pellter oedd ychydig dros ugain llath. Fe wyddai'r morwyr profiadol ar y bwrdd sut i wneud, a sut i weithio'r "bosn's chair", a chyn bo hir roedd popeth yn barod.

Pwy oedd i fynd yn gyntaf ? Yr oedd llawer yn awyddus i fynd, ond yr oedd un o swyddogion y llong wedi cymryd ffansi at un o'r merched ifainc a oedd wedi teithio gyda'r llong o Awstralia. A chan mai ef oedd yn gofalu am weithio'r "bos'n's chair" ar fwrdd y llong, fe fynnodd roi'r cyfle cyntaf i'w gariad.

Ond roedd gormod o ofn y tonnau mawr ar y ferch ifanc, a gwrthododd y cynnig. Bu'r swyddog yn ei chymell a'i chalonogi, a bu bron a newid ei meddwl. Ond y foment y daeth hi'n amser i groesi'r hafn ddychrynllyd rhwng y môr a'r tir, fe dynnodd nôl eto. O'r diwedd fe gollodd y swyddog ei dymer, ac fe aeth mor bell â cheisio'i gorfodi i fynd. Dechreuodd y ferch grio, ond daliai i wrthod y cyfle a fyddai wedi achub ei bywyd.

Erbyn hyn, roedd eraill wedi dechrau chwyrnu a chadw sŵn am yr oedi a'r dadlau, pan ddylid bod yn achub bywydau. Barnai rhai a ddaeth yn fyw i dir, yn ddiweddarach, fod yn agos i hanner awr wedi ei gwastraffu gan y ffrwgwd yma rhwng y swyddog a'i gariad—ac fel y dywed McKee—"It cost an unknown number of lives."

Erbyn hyn roedd rhagor o wŷr Moelfre wedi cyrraedd y traeth ac yn awr safai twr bychan o ddynion, garw yr olwg, yn barod i estyn cymorth i'r rhai a ddeuai yn agos at y lan. Ond ni allent ddod yn rhy agos am fod tonnau anferth yn cael eu taflu i'r lan gan y gwynt, a gallai un o'r rheini eu sugno i grochan berwedig y môr.

Roedd hi'n brynhawn heulog, oer a thawel ym mis
Mawrth pan ymwelais i â'r traeth lle suddodd y "Royal
Charter." Ond fe gefais i gryn ffwdan i fynd i lawr dros y
forlan serth. Lle roedd darn o ddaear, roedd yna borfa
lithrig a'i gwnai'n anodd i ddyn gadw'i draed, ac ar y
creigiau tyfai'r gwymon du, twyllodrus, yr oedd llawer un
o deithwyr y "Royal Charter" wedi cydio'n ofer ynddo—
cyn marw. A hyd yn oed ar ddiwrnod heulog, tawel fel
hynny, roedd sŵn y môr yn sugno a thraflyncu'n fygythiol
yng nghilfachau'r graig. Ag un o stormydd mwya'r
ganrif yn chwythu, roedd eisiau dyn dewr iawn i fynd
i lawr yn ddigon pell i allu estyn llaw i achub neb. Ond
fe aeth bechgyn Moelfre i lawr dros y forlan serth i ben
silff o graig, lle'r oedd pen arall yr "hawser" a gludai'r
bos'n's chair" wedi ei glymu. Yn y fan honno yr oeddynt
hyd eu canol yn y dŵr, pan ddeuai'r tonnau mwyaf i dir.

Un o'r dynion a safai ar y graig yn barod i estyn
cymorth, oedd gŵr o'r enw John Lewis, a oedd yn byw
ym mhentre Moelfre. A phan ddaeth hi'n ddigon golau
iddo allu gweld wynebau'r bobl ar fwrdd y llong—yr
wyneb cyntaf a welodd oedd wyneb ei fab—Isaac Lewis !
Yr oedd y mab wedi mynd allan i Awstralia ar ei for-
daith gyntaf ar y "Royal Charter", ac yn awr roedd e'n
dychwelyd i'r Moelfre, â phres yn ei boced, i ddwyn
tipyn o gysur i'w dad a'i fam. A bron ar yr un funud ag
yr adnabu John Lewis ei fab, adnabu ei fab yntau.
Gwaeddodd un ar y llall yn llawen. Nid oedd gan Isaac
Lewis ddim i'w wneud ond croesi'r ychydig lathenni
rhwng y llong a'r lan, a cherdded i fyny'r llwybr, ac roedd
e adre ! Fe aeth Isaac Lewis i fyny'r llwybr hwnnw'n
ddiweddarach—ond bu rhaid cael pedwar o fechgyn
cryfion Moelfre i'w gludo—yn gorff marw—i dŷ ei dad.
Dywedir iddo gyrraedd y graig yn fyw ac iddo weiddi ar
ei dad, "Ydw i wedi dod adre i farw ?" Yna roedd y
tonnau wedi ei sugno'n ôl i'r berw, a phan ddaeth e i'r lan
eto, roedd e'n gelain oer.

Ond rwy'n mynd o flaen fy stori. Yn ôl ar fwrdd y llong
roedd aelodau o'r criw'n croesi o un i un ar y "bos'n's

chair." Daeth deunaw ohonynt i dir yn ddiogel. Yna rhoddwyd gorchymyn i'r gwragedd a'r plant ddod ar y dec er mwyn eu gyrru i'r lan.

Ond cyn i'r un o'r trueiniaid bach allu croesi fe ddisgynnodd dialedd ola'r môr ar y "Royal Charter." Fe hyrddiodd y storm un don anferth arall drosti, a chyda sŵn torcalonnus ac ofnadwy, fe dorrodd y llong hardd yn ei hanner. Nid yw'n hawdd disgrifio'r hyn a ddigwyddodd wedyn.

Roedd hi'n hanner awr wedi saith yn y bore. I lawr yn y salŵn roedd y Parchedig Mr. Hodge, a'i braidd ofnus o'i gwmpas, yn gweddio'n daer. Rhuthrodd y môr i mewn ar eu pennau a'u boddi mewn winciad. Rhuthrodd hefyd trwy'r cabanau a'r coridorau fel anifail ysglyfaethus. Rhwng hanner awr wedi saith a phum munud ar hugain i wyth rhaid bod yn agos i dri chant o bobl—yn ddynion, merched a phlant—wedi cwrdd â'u diwedd. Yr oedd yn drychineb anferth ac anhygoel. Yn awr yr oedd y llong yn ddau hanner, ac yn yr hafn rhwng y ddau berwai'r môr yn gynddeiriog, ac yng nghanol y ffroth a'r gwrec a'r gwymon roedd cannoedd o gyrff. Ond ni chollwyd pawb.

Cafodd rhai—trwy ryw ryfedd lwc—eu cludo gan ymchwydd y tonnau, allan o berfeddion y llong tuag at y tir. Ac yno o hyd, yr oedd wyth-ar-hugain o fechgyn Moelfre'n barod i'w helpu. Mae'n siŵr fod nifer o'r bechgyn hyn wedi peryglu eu bywydau eu hunain droeon wrth geisio achub y rhai oedd yn cael eu taflu i'r lan gan y môr.

Gwnaent gadwyn hir, trwy gydio'n dynn yn nwylo'i gilydd. Yr oedd yr hanner dwsin blaenaf yn y gadwyn mewn perygl enbyd oherwydd golchai rhai o'r tonnau dros eu pennau. Pe bai un ohonynt wedi llaesu gafael am eiliad, byddai'r gadwyn wedi torri a'r rhai blaenaf wedi mynd i'r môr. A phe bai un droed wedi llithro, gallai'r un peth fod wedi digwydd.

Do, fe ddangosodd gwŷr Moelfre ddewrder mawr y noson honno, ac yn wyneb yr hyn a ddigwyddodd wedyn, mae'n werth cadw hynny mewn cof.

Roedd hi'n wyth o'r gloch neu ychydig wedi hynny pan ddaeth Owen Williams o Gaernarfon ar draws yr agendor rhwng y llong a'r lan—ar y "bos'n's chair." Efallai mai ef oedd yr olaf i groesi.

Yn rhyfedd iawn, roedd bron y cyfan, os nad y cyfan yn wir o'r gwragedd a'r plant yn starn y llong, ac roedd hwnnw bellach wedi torri i ffwrdd oddiwrth y pen blaen, lle'r oedd y "bos'n's chair."

Yno yr oedden nhw ar y pŵp yn dwr bach ofnus, a phob yn awr ac yn y man fe ddeuai ton fawr ac fe gollai rhywun ei afael, ac fe gai ei hyrddio i dragwyddoldeb. Roedd y sgrechfeydd a'r wylofain yn dorcalonnus. Yn y môr roedd rhai'n gweiddi am gael eu hachub, ac ar y llong roedd rhai'n llefain mewn torcalon wrth weld eu hanwyliaid yn boddi, neu'n cael eu hyrddio'n erbyn y creigiau. Roedd hi'n olygfa hunllefus i weld plant bach yn cael eu sgubo oddi ar y bwrdd i'r môr, ac roedd clywed eu crio yn y dŵr yn waeth fyth. Trwy drugaredd roedd yr hunllef a'r dioddef ar fin dod i ben—waeth yn ara' bach roedd y "Royal Charter" yn suddo.

Ond cyn i'r gwynt a'r tonnau ei ddarostwng yn llwyr fe chwaraewyd sawl drama ryfedd eto ar ei bwrdd.

Fe wyddai pawb ym mhart ôl y llong erbyn hyn fod eu hawr wedi dod i neidio i'r dŵr neu fynd i lawr gyda'r llong. Roedd rhai wedi neidio'n gynnar, ac wedi trengu gan mwyaf. Yr oedd y rhai oedd ar ôl ar y pŵp wedi gohirio hyd y foment honno, yn y gobaith y deuai rhyw waredigaeth o rywle. Ond ni ellid gohirio lawer yn hwy.

Adroddir yr hanes am un dyn, a oedd wedi gwneud ei ffortiwn yn Awstralia, yn sefyll ar y dec a thri chydaid o aur wedi eu clymu'n dynn am ei wddf. Yr oedd yn benderfynol nad oedd yn mynd i golli'r hyn a enillasai trwy ei lafur caled yn Awstralia. Ac fe aeth pwysau'r aur ag ef yn syth i waelod y môr pan aeth dros y bwrdd.

Ac nid ef oedd yr unig un i lynu wrth ei gyfoeth hyd y diwedd. Cafwyd llawer o gyrff yn ddiweddarach â "money belts" trymion yn llawn sofrins arnynt. Pwysau'r "money-belts" hyn oedd wedi eu tynnu i lawr i'r dyfn-deroedd tra'r oedd rhai—a oedd wedi mynd dros yr ochr

heb ddim—wedi cyrraedd tir yn ddiogel. Druan ohonynt!
Ni allent feddwl am ymadael â'r llong heb yr aur—a oedd
wedi costio mor ddrud i'w grynhoi!

Ac am eu bod yn perthyn i oes Fictoria, mynnodd y
rhan fwyaf o'r gwragedd fynd i'r dŵr yn "*barchus*"—â'u
staes a'u sgertiau hirion a'u hesgidiau uchel. Ni ddaeth yr
un ohonynt i dir yn fyw. Ond o ran hynny, boddi a
wnaeth yr unig ferch i fentro i'r dŵr yn ei shemîs.

Yr oedd yna un cymeriad arbennig iawn ar fwrdd y
"Royal Charter." Ei enw oedd James Dean. Gwyddom ei
fod ar ei ffordd adref i'w dref enedigol—Wigan, a'i fod
wedi bod yn y "diggings" yn gwneud ei ffortiwn. Dean,
mae'n debyg, oedd yr unig un ar fwrdd y "Royal Charter"
i gysgu drwy'r holl helynt y nos ofnadwy honno. Dywed-
odd yn ddiweddarach iddo gysgu nes i rywun agor drws
ei gaban a gweiddi, "Wake up, we are lost." Yr oedd y
"Royal Charter" ar y creigiau bryd hynny!

Cododd, a gwisgo amdano. Wedyn aeth i fyny i'r dec.
Gwelodd fod pwy bynnag oedd wedi gweiddi arno—yn
dweud y gwir—yr oedd y "Royal Charter" ar ei gwely
angau.

Dyn gofalus oedd Dean. Yn wahanol i'r gŵr hwnnw
oedd wedi dod i fyny o'i gaban a'r sachau o sofrins wedi eu
clymu am ei berson, yr oedd Dean wedi bod yn ddigon
call i adael ei aur mewn banc yn Awstralia. Ac yn awr
dim ond un darn o bapur (*cheque*)—a hwnnw wedi ei
glymu am ei ganol mewn amlen *oilskin*, oedd ganddo.

Tra roedd eraill wedi gwylltio a drysu'n lân wrth
weld yr hyn oedd yn digwydd i'r llong ac i'w cyd-
deithwyr, gallai James Dean edrych ar yr olygfa'n
bwyllog a di-gynnwrf.

Pan oedd y diwedd yn ymyl fe dreuliodd beth amser yn
gwylio'r lleill yn mynd i'r môr. Gwelai fod y rhai a oedd
wedi mynd mewn dillad trwchus a "Blucher boots" yn
mynd i'r gwaelod. Yr un peth oedd yn digwydd i'r
merched a'r gwragedd yn eu staes a'u sgertiau hirion.

Pan aeth ef i'r dŵr, fe aeth yn noethlymun fel y dydd
y'i ganed—wedi gadael ar ôl bopeth a feddai ond y darn
papur hwnnw yn ddiogel ac yn sych am ei ganol. Ac fe'i

hachubwyd yn ddi-anaf. Fe ellid mynd ymlaen ac ymlaen
i adrodd rhyw hanesion fel yna am deithwyr y "Royal
Charter", ond yn awr, rhaid dod at y diwedd eithaf.

Dyma ddisgrifiad o'r munudau olaf gan un a achubwyd
—o'r enw Wilson :

"It was dreadful, dreadful ! There were mangled
bodies floating in the water ; men, women and children
standing on the deck were shrieking for assistance,
others were on their knees praying, others being
washed overboard. There were a number of passengers
huddled on deck to the end ; the shrieks of the poor
creatures as they met their death was appalling."

Nid oedd y llong erbyn hyn yn debyg o gwbwl i'r
llestr lluniaidd a oedd wedi hwylio mor fuan â gwennol o
Awstralia. Roedd hi'n malurio'n gyflym, ei hochrau
haearn wedi'u plygu a'u twistio gan gynddeiriogrwydd y
tonnau. Yr oedd y môr—wedi llwyddo i dorri asgwrn ei
chefn—yn awr yn brysur yn ei di-berfeddu. Roedd hi'n
cario cargo o wlân o Awstralia, a golchwyd hwnnw allan
ohoni a'i daflu ar y lan. Cyn bo hir roedd y creigiau'n wyn
gan gnufiau gwlân. Cadeiriau, meinciau, dillad, offer o
bob math—hyrddiwyd y cyfan ar draethau Môn. Ac yn
olaf yr *aur* ! Yn awr gwelodd pysgotwyr tlawd Moelfre
olygfa ddieithr iawn—sef sofrins melyn yn disgleirio
ymysg y cerrig mân ac ar y creigiau. Yr oedd y môr
wedi torri i'r "strongroom" lle'r oedd cargo mwyaf
gwerthfawr y "Royal Charter" wedi ei storio.

Yr oedd hynny'n arwydd o fuddugoliaeth lwyr y môr
a'r gwynt. Yna suddodd y "Royal Charter" yn araf bach
o dan y tonnau gan adael yn unig yn y golwg ddau
stwmpyn o bren—darnau o'r mastiau a dorrwyd ymaith
yn rhy hwyr.

A dyna ddiwedd un o'r llongau mwyaf nodedig a
hwyliodd y moroedd erioed. O dan hwyliau fe gyrhaedd-
odd gyflymdra o un-not-ar-bymtheg fwy nag unwaith, ac
efallai mai hi oedd y clipper gyflymaf a fu erioed. Efallai
hefyd mai hi oedd yr harddaf a mwyaf lluniaidd o'r
"clippers" i gyd. Mae'n rhyfedd meddwl iddi hwylio
droeon rownd yr Horn a thrwy'r "Roaring Forties" heb

drafferth yn y byd—a chwrdd â'i diwedd ar arfordir Môn.

Y rhyfeddod arall ynglyn â llongddrylliad y "Royal Charter" oedd fod popeth fel petai wedi ei drefnu ymlaen llaw. Mae R. R. Williams wedi sylwi ar hyn—"every turn of the wheel," etc. Mae eraill hefyd yn cyfeirio at yr un peth. Does bosib mai gwaed yr albatros oedd yn galw am ddial ? Fe fu llongddrylliad y "Royal Charter" yn ddigon i dorri cwmni Gibbs, Bright. Fe ddygodd fywyd Rheithor Llanallgo hefyd—heb sôn am enw da pobl Moelfre.

Y MEIRW AR LAN Y MÔR

Roedd y "Royal Charter" wedi darfod, ac roedd o leiaf 450 o bobl wedi trengi o fewn ugain llath i'r lan. Yr oedd deugain wedi eu hachub—a'r rheini i gyd yn ddynion. Ac o'r deugain, dim ond dau-ar-bymtheg ohonynt oedd yn deithwyr. Aelodau o'r criw oedd y lleill.

Dechreuodd pobl feddwl, ar ôl dod dros y sioc, fod rhywbeth yn rhyfedd iawn yn y ffaith fod pob gwraig, merch a phlentyn wedi eu colli a deugain o ddynion wedi eu hachub. Beth oedd wedi digwydd ? Cyn bo hir roedd rhywrai'n gwasgaru'r stori fod y criw a rhai o'r teithwyr wedi rhuthro i achub eu crwyn eu hunain yn gyntaf, yn hytrach na rhoi'r flaenoriaeth i'r menywod a'r plant.

Ond amheuon a ddaeth yn ddiweddarach oedd rheini.

Yn ystod y bore ofnadwy hwnnw—y 26ain o Hydref, yr oedd pentre Moelfre, ac yn wir y pentrefi cyfagos yn ogystal, yn ferw gwyllt gan siarad. Dechreuodd yr hanes trist fynd ar gerdded yn fuan iawn. Roedd rhywun wedi ei anfon ar gefn ceffyl i mofyn meddyg at y rhai a oedd yn fyw, ond wedi eu clwyfo, ac ar y ffordd, wrth garlamu ar draws gwlad, roedd hwnnw wedi gweiddi'r newydd wrth bawb a welai.

Erbyn y prynhawn, roedd tyrfaoedd o bobl wedi cyrraedd Moelfre. Ac erbyn y prynhawn roedd mwy a mwy o gyrff yn dod i'r lan o'r môr.

Ac erbyn y prynhawn hefyd, roedd lliw'r aur melyn, wedi gwneud rhai pobl yn lladron ! Yr oedd y "Gold Rush" wedi dechrau'n barod.

Yr oedd y cyrff a ddeuai i'r lan yn dangos yn glir faint oedd cynddaredd y storm, oherwydd deuent i dir wedi eu harcholli a'u hanffurfio'n ddrwg iawn, lawer ohonynt. Roedd y tonnau, a dannedd y creigiau, wedi rhwygo'u dillad oddi amdanynt a'u gadael heb unrhyw farc nac arwydd i ddweud pwy oeddynt.

Er mwyn dangos mor ddrwg oedd effeithiau'r môr a'r creigiau ar y cyrff truenus hyn, fe garwn ddyfynnu o ryw fath o gof-restr a baratowyd gan y Parch. Hugh Hughes, rheithor eglwys Penrhos Lligwy. Fe gladdwyd deugain o'r cyrff a olchwyd i'r lan, yn ei eglwys ef. Ac fe baratôdd ddisgrifiad o'r cyrff di-enw fel hyn . . .

No. 1. "A man about 5 ft. 10 ins., features gone ; had on a vest and trousers of dark tweed, woollen-woven drawers and singlet, had a shirt on ; two printed ballads entitled, "William and Mary,' and ' The Green Lament ' in his pocket, also a small printed card with perforated edges, with a few printed lines headed ' A Blessing.' Aged 40 to 50.

No. 2. The body of a male child, or youth, from 13 to 14 ; without extremities (i.e.) the legs gone, having only head and trunk. Had on a jacket of fine black cloth, without pockets. The jacket was buttoned—no other clothing under the jacket. The buttons of a convex shape, covered with flowers embossed on raised silk. Very large and perfect teeth in the upper jaw, lower jaw gone— must have been a youth of respectable connexions.

No. 10. A man : body much mutilated : had on a flannel shirt and oilskin trousers—a common sailor, to all appearances.

No. 29. A man 5 ft. 9 ins., sail-cloth trousers ; good boots, and blue woollen drawers of fine material—large full face *not mutilated*.

No. 30. A man about 5 ft. 10 ins. on one leg a frag-ment of fustian trousers, a Blucher boot, and one stocking, dark hair, dark brown beard and whiskers. Features perfect except for the loss of one eye."

Ac ar ôl y llongddrylliad, fel y cawn glywed, fe gafodd rhieni a cheraint y rhai a gollodd eu bywydau drafferth fawr i adnabod eu hanwyliaid am fod y storm a'r môr a'r creigiau wedi eu trin mor greulon.

Mae'n debyg i lawer gael eu niweidio wrth gael eu

taro yn erbyn metel y llong ei hun, ond credir mai creigiau creulon Moelfre a friwiodd gyrff y mwyafrif.

Yn ogystal â'r Parch. Hugh Hughes, rheithor Penrhos Lligwy, yr oedd ei frawd, y Parch. Stephen Roose Hughes (ficer Llanallgo), ym Moelfre pan ddechreuodd y cyrff ddod i'r lan. Yr oeddynt o ddiddordeb arbennig iddo ef, oherwydd yr oedd Moelfre, a'r glannau lle deuai'r cyrff i dir, yn ei blwyf ef, a gwyddai'n iawn mai ei ddyletswydd ef fyddai claddu'r rhain.

A chyn i holl helynt y "Royal Charter" orffen yr oedd y Parch. Roose Hughes wedi dod i enwogrwydd mawr, a hyd yn oed y nofelydd byd-enwog hwnnw—Charles Dickens—wedi canu ei glodydd.

Y prynhawn hwnnw, wrth weld y cyrff yn dod i mewn, —rhai heb freichiau, rhai heb goesau, rhai heb wynebau, mae'n amheus a oedd Mr. Hughes wedi sylweddoli ar unwaith yr effaith a gâi llongddrylliad y "Royal Charter" ar ei fywyd ef. Fel y ceir gweld, fe'i gyrrodd i'w fedd ynghynt na phryd.

Nid oedd pob un o'r cyrff a ddaeth i dir yn awr, wedi ei friwio gan y creigiau a'r môr. Yn *The Wreck of the Royal Charter*, gan A. & J. K., fe geir y disgrifiad yma o ferch ifanc o'r enw Jane Fowler—efallai'r eneth harddaf ar fwrdd y llong. Yr oedd hi'n un o'r cyntaf i gael ei hadnabod pan yrrodd y llanw ei chorff i dir—yn ddi-anaf.

"Her lips preserved their natural crimson hue, and her cheeks a bloom that seemed a mockery of death ; the deep fringe of her eye-lids cast a peaceful shadow over her youthful face, and, but for the weeds of the ocean which were mingled with her dark hair, it would have proved indeed an effort of faith to believe she had been the prey of the devastating waves."

Yr oedd Jane Fowler yn ddwy-ar-bymtheg oed, ac roedd ganddi ferch, o'r enw S. Davis yn ffrind mawr iddi ar y llong. Daeth corff honno i'r lan ar draeth yr Eil o Man fisoedd yn ddiweddarach—heb wallt, heb ddillad— ac erbyn hynny roedd y cnawd wedi ei fwyta oddiar y benglog. Cofiai un o'r rhai a achubwyd fod Miss Davis yn hoff iawn o ddawnsio yn ystod y fordaith.

Am un-ar-ddeg o'r gloch y bore, bron ar yr union amser y gostegodd y storm o'r diwedd—daeth chwech-ar-hugain o gyrff i mewn ar draeth Porth Helaeth—traeth bychan carregog yn union islaw Moelfre. Ac fe wyddai'r Parch. Roose Hughes ei ddyletswydd. Archebodd geirti'r ffermydd o gwmpas i fynd â nhw i fyny'r rhiw i eglwys fechan, wledig Llanallgo. A dywedir iddo dalu o'i boced ei hun am y gwasanaeth yma. Yna fe gododd y broblem o ble i roi'r holl gyrff. Unwaith eto fe wyddai'r Parch. Roose Hughes beth i'w wneud. Fe aed â phob corff i'r eglwys cyn ei gladdu. Diau iddo gofio fod yr eglwys yn seintwar i'r byw *a'r* meirw !

Ac ar lawr anwastad yr eglwys hynafol yn Llanallgo y gosodwyd y cyrff oer hynny i orwedd gyda'i gilydd, nes deuai'r amser i'w rhoi i'r ddaear.

Yn ystod prynhawn y 26ain a thrwy'r nos ganlynol deuai rhagor o hyd o gyrff i fyny o'r traeth i'r eglwys, nes oedd rhyw bump a dcugain ohonynt yn gorwedd ynghyd yno. Ac am wythnosau—na am fisoedd wedyn—fe fu eglwys Llanallgo yn lle cyfleus i ddwyn cyrff iddo ; oherwydd ystyfnig iawn fu'r môr yn ildio'r meirw, a hyd y dydd heddiw mae rhyw gant neu ragor o gyrff na chlywyd byth sôn amdanynt.

Yn ystod nos y 26ain ac oriau mân bore'r 27ain, dywedir fod llawer o ysbeilio'n mynd ymlaen. Roedd llawer iawn o'r cyrff yn cario'r "money-belts" trymion, a pheth hawdd iawn oedd tynnu'r rhain oddi amdanynt a'u cuddio nes deuai cyfle i fynd â hwy i'r tai.

Yr oedd un dyn a drengodd yn cario £10,000 ar ei berson, medden nhw. A ddaeth rhywun o hyd i gorff hwnnw ? Does neb yn gwybod. Ond yr oedd y rhan fwyaf o'r teithwyr yn cario aur, oherwydd pobl gyfoethog neu led-gyfoethog oedd y mwyafrif o deithwyr y "Royal Charter."

Mae'n amhosib i ni heddiw allu bod yn siŵr faint o ysbeilio a fu. Mae R. R. Williams—yr hanesydd o

Borthaethwy—yn tueddu i amddiffyn gwŷr Moelfre—
ond rhaid dweud fod yna storiau ar led fod rhai o'r
pentrefwyr wedi eu gweld yn cario bwcedeidiau o sofrins
i'w tai, ac mae yna stryd ym Moelfre, a adeiladwyd ar ôl
llongddrylliad y "Royal Charter" a elwir hyd heddiw
gan rai—yn stryd y "Royal Charter." Yr awgrym yw
fod rhywun wedi gallu adeiladu stryd o dai â'r aur a
gasglodd ar y traeth ar ôl y llongddrylliad. Ac y mae yna,
ond i chi holi'n ofalus, bobl a ddwed wrthych fod yna
bersonau yn sir Fôn sy'n gefnog oherwydd i'w hen daid
wneud ei ffortiwn oddi wrth y "Royal Charter."

Boed hynny fel y bo, mae'n wir i ddweud na chafodd
unrhyw un o fechgyn Moelfre eu dwyn o flaen yr un llys
am ladrata. Yn ddiweddarach bu'r plismyn a'r milisia'n
chwilio pob tŷ yn y pentre, heb lwyddo i ddod o hyd i
ddim. Fe gafodd nifer o bobl eu cosbi am ddwyn tipyn o
gyfoeth y "Royal Charter" oddi ar y traeth, ond yn
rhyfedd iawn nid oedd yr un gŵr o'r Moelfre yn eu mysg.

Ond wedi pwyso a mesur pethau'n ofalus, a cheisio
bod yn deg a di-duedd, yr wyf fi o'r farn *fod* tipyn o ysbeilio
wedi digwydd yn ystod prynhawn a nos y 26ain—cyn i
swyddogion y Llywodraeth gyrraedd—pan oedd aur ar y
traeth ymhobman, a phob-yn-ail gorff yn cario "money
belt." A dyma fy rhesymau dros ddweud hynny.

(1) Yr oedd gwŷr Moelfre wedi aberthu llawer yn
ystod y bore pan oedd y storm wrthi'n chwalu'r "Royal
Charter," ac roedden nhw wedi achub deugain. Roedden
nhw wedi gwneud eu gorau i'r byw. Ond yn awr, pan
ddaeth y cyrff a'r aur i'r lan—onid oedd hen arfer pobl y
glannau yn caniatau iddynt gymryd iddyn nhw 'u
hunain unrhyw wrec a olchid i dir gan y storm? Roedd y
peth yn mynd yn ôl ymhell iawn. Byddai pobl Moelfre
ar hyd y canrifoedd yn mynd am y cyntaf bob amser,
pan dorrai'r wawr ar ôl storm, i chwilio'r traethau. Ni
chaent gan amlaf ond darnau o goed toredig, ond byddai'r
rheini'n help i bentrefwr tlawd i godi sied yng ngwaelod
yr ardd, neu rywbeth.

Ac ar ôl y storm hon, roedd mwy na choed wedi dod i
dir—roedd cyfoeth anhygoel ar y traethau—ond yr un

egwyddor oedd yn bodoli ym marn gwŷr Moelfre. Yr
oedd unrhyw beth a gaech chi ar y traeth ar ôl storm yn
eiddo i'r cyntaf i ddod o hyd iddo.*

Yn ail, mae'n siŵr na allai pysgotwr tlawd, nad oedd
wedi gweld y fath gyfoeth erioed, osgoi'r demtasiwn i roi
rhai o'r darnau melyn yn ei boced heb yn wybod i neb.
Gallai hyd yn oed *un* sofren wneud gwahaniaeth mawr
ym mywyd ei deulu ac yntau.

Yn drydydd, fe gawsant fwy o gyfle na neb arall. Yr
oedden nhw yno cyn i'r torfeydd a'r polis a'r milisia
gyrraedd. Ac fe wydden nhw'n well na neb ymhle roedd
y môr yn debyg o daflu i fyny ei wrec. Mae'n syndod fel
y mae hen bysgotwyr y glannau'n deall triciau'r llanw.

Flynyddoedd yn ôl, pan oeddwn i'n byw yn Llan-
grannog, fe foddodd hogyn bach pengoch yn y môr yno
un prynhawn. Bu chwilio mawr am ei gorff, ac aeth nifer
allan mewn cychod i weld a ellid dod o hyd iddo. Yr
oedd hen bysgotwr o'r enw Tudor yn byw yn y pentre,
ac fe ddwedodd wrthym, "Am hanner awr wedi deg y
daw e i'r lan," ac fe ddangosodd y fan ar y traeth lle
byddem yn fwyaf tebyg o gael y corff. Ar yr union amser y
dywedodd yr hen bysgotwr—ac yn yr union fan hefyd—
y cafwyd ef.

Ac, wrth gwrs, yr oedd yna gilfachau dirgel ac ambell
hollt yn y creigiau na wyddai neb ond bechgyn Moelfre
amdanynt,—mannau lle byddai'r llanw'n arfer gadael ei
wrec. A choelia i fawr na fu gwŷr Moelfre'n chwilio'r
mannau hynny yn ystod prynhawn a nos y 26ain. Roedd
ganddynt esgus da, beth bynnag—roedd eisiau dod o hyd
i'r rhai oedd wedi colli eu bywydau ar y "Royal Charter."

Gyda'r nos ar y 26ain cyrhaeddodd Mr. Smith o
Fiwmaris, a oedd yn Gasglwr Trethi'r porthladd yno, a
hefyd yn "Receiver of Wrecks." Yr oedd y si wedi mynd

---

*Mae'r agwedd yma'n bodoli ymysg pobl glannau'r môr
ymhob rhan o Brydain. Dyma a ddywedodd Peter Wilbey am
wŷr Cernyw, yn yr "Observer" yn ddiweddar.
"Booty from wrecks was regarded almost as a birthright by
Cornishmen."

ar adenydd y gwynt, fod llong yn llawn o aur wedi'i
dryllio ar draeth Moelfre. Ac yr oedd Mr. Smith wedi
cyrraedd ! Ef oedd y swyddog cyntaf, ag awdurdod
ganddo, i gyrraedd y lle. Yr oedd y Cynghorwr Wagstaffe
o Lerpwl yn digwydd bod ym Miwmaris pan ddaeth y
neges fod y "Royal Charter" wedi suddo, ac fe frysiodd
yntau hefyd i Foelfre. Mae ei dystiolaeth ef ar glawr.

Fe welodd ef yr olygfa fwyaf ofnadwy wrth gerdded i
lawr am y traeth. Fe welodd nifer o'r pentrefwyr yn cario
corff bachgen ifanc rhyngddynt. Ac meddai, "Of·all the
sights I have ever witnessed, I never saw anything like
this. Both legs were broken about a foot above the ankle ;
and his feet, which hung only by the skin, had been bent
backwards and tied to keep them together. The bones
were visible, his head was twisted round and his bowels
protruded. Another body we saw with half the head off.
One ear was hanging down and the brain had been
washed out."

Ar hyd y traeth gallai'r cynghorwr weld nifer o gyrff yn
gorwedd. Ac roedd y pentrefwyr o'u cwmpas. Fe gych-
wynnodd Wagstaffe ei ffordd tuag atynt, er mwyn cadw
llygad i weld a oedd ysbeilio'n mynd ymlaen. Ond bu
rhaid iddo droi nôl, oherwydd yn sydyn fe deimlodd yn
sâl. Roedd edrych ar y cyrff briw wedi troi ar ei stumog.

Gwelodd Wagstaffe gorff yn gorwedd mewn cae rhwng
y traeth a'r pentref, a dywedodd rhywun wrtho fod y
pentrefwyr wedi ei adael yno. Pan ofynnodd y rheswm
pam, fe gafodd yr ateb—"O, chewch chi ddim mohonyn
nhw i wneud dim heb gael 'u talu am hynny." Mae'r
awgrym fan yma'n glir, rwy'n meddwl. Gwaith llafurus a
di-ddiolch oedd cario cyrff i fyny dros y creigiau i'r
pentre, tra i lawr ar y traeth roedd eraill wrthi'n casglu'r
sofrins melyn a phethau gwerthfawr eraill. Na, mae'n
hawdd credu 'i bod hi'n anodd cael dwylo i gludo'r
meirw i'r pentre ac i eglwys Llanallgo tra'r oedd pob ton
yn dwyn rhywbeth gwerthfawr i dir. A dyma bryd y
cafodd gwŷr Moelfre enw drwg. Pan aeth Wagstaffe i
lawr i'r traeth eto gwelodd nifer o bobl yn chwilio ymysg
y cerrig a'r creigiau. Pan ofynnodd yn Saesneg iddynt am

beth yr oeddynt yn chwilio yr ateb a gafodd oedd—
"For gold !" A rhain oedd y gwŷr a ddylai fod wrthi'n
cario'r meirwon i fyny o afael y tonnau. Roedd y
' dwymyn Aur ' wedi cael gafael ynddynt.

Pan ddaeth un ohonynt o hyd i far o aur yn pwyso
pedwar pwys-ar-ddeg, mae'n hawdd dychmygu'r cyffro
a aeth drwy'r lle ! A phan ddeuai ambell don i dir, gan
adael cawod o sofrins ar ei hôl wrth gilio, doedd hi ddim
yn hawdd rhoi sylw i'r cyrff llipa oedd yn gorwedd o
gwmpas.

Yn awr fe rannodd y pentrefwyr yn dair carfan. Aeth
un ati i helpu'r Ficer, y Parch. Stephen Roose Hughes, i
ddiogelu'r meirw trwy eu dwyn o afael y môr i eglwys
Llangallo. Aeth y llall gyda'r "Receiver of Wrecks", i
gasglu'r golud o'r creigiau. Ac yr oedd yna garfan arall
o wŷr mwy llechwraidd, a oedd yn amau hawl Mr.
Smith i'r cyfoeth a oedd wedi glanio'n sydyn ar eu traethau
hwy. Er cyn cof, nhw oedd wedi arfer cael y gwrec a
daflai'r môr i dir yn y rhan honno o Fôn.

Ni allai'r gwŷr hyn weld fod angen brysio ynglŷn â'r
cyrff mwyach. Roedd rheini wedi gorffen, ac ni fyddai'r
aur na'r eiddo o unrhyw ddiddordeb iddyn nhw bellach.

Aelodau'r garfan yma oedd y rhai a ddaeth yn cyfoethog
ar draul llongddrylliad y "Royal Charter."

Pan gyrhaeddodd y newyddion am y barrau aur a'r
cawodydd sofrins swyddfeydd y papurau yn Lerpwl a
Llundain fe aeth llongddrylliad y "Royal Charter" yn
"big news." Ar yr 28ain roedd y *Times* yn llawn o'r hanes.
Ac yn ei adroddiad roedd gohebydd y *Times* yn sôn fod
Mr. Smith y "Receiver of Wrecks" wedi gorfod gwneud
apêl daer am gymorth i atal lladrata gan bobl ardal
Moelfre. Ac roedd y "coastguard" a'r milisia wedi gyrru
dynion ar frys i roi stop ar y "pilfering" cywilyddus.

Fe gafodd gwŷr y Wasg yn Lloegr hwyl fawr ar ymosod
ar fechgyn Moelfre yn awr. Cawsant eu galw ganddynt yn
"horrible pilferers of corpses," yn "vultures" ac yn
"greedy Cambro-British thieves," a hawliai un papur
dyddiol pwysig y dylent gael eu crogi ar unwaith.

Ond pan gyrhaeddodd y milisia, a rhagor o swyddogion,

gan gynnwys yr Heddlu a'r "Coastguard," ac yn ddi-
weddarach—y "salvagers", mae gennym le i gredu fod
gwaeth lladron na gwŷr Moelfre wedi crynhoi o gwmpas
celain y "Royal Charter". Ys dywedodd y bardd,

"Ar ein gwir, pa ladron gwaeth,
Na lladron y Llywodraeth ?"

Bernir fod miloedd lawer o bunnoedd (o eiddo'r
teithwyr yn bennaf) wedi diflannu rhwng y cŵn a'r brain,
fel y dywedir. Mae'n rhesymol credu i'r môr gadw rhan
helaeth o'r swm yma. O'r gweddill, mae'n sicr nad aeth
ond cyfran gymharol fychan i ddwylo gwŷr Moelfre. Fe
ddaeth lladron mwy cyfrwys a mwy proffesiynol na hwy
i'r maes yn awr, ac yn rhyfedd iawn—ychydig o ymosod
a fu ar rheini yn y Wasg Saesneg.

O'R MÔR I'R PRIDD

FE ddown yn awr at y prif gymeriad yn nrama fawr
llongddrylliad y "Royal Charter"—sef y Parch.
Stephen Roose Hughes, Rheithor Plwy Llanallgo. Arno
ef y syrthiodd y cyfrifoldeb o dalu'r gymwynas olaf â'r
meirw o bob gradd. Daethant ato, fel y dywedwyd, yn
gyrff briw, toredig, yn eu carpiau ac yn eu noethni—ac yn
ddi-enw lawer ohonynt. Ni ddaethant ato ef gyda'u
sofrins a'u ' money-belts.' Roedd Mr. Smith wedi gofalu
cymryd meddiant o unrhyw eiddo gwerthfawr a oedd
ganddynt. A hynny fu un rheswm am y cwerylon chwerw
a fu rhwng y Rheithor a'r "Receiver of Wrecks." Credai
Roose Hughes y dylai eiddo pob corff orwedd gydag ef
yn ddiogel nes deuai anwyliaid a pherthnasau i'w hawlio.
Barnai efallai y byddai hynny'n help iddo ef ddarganfod
pwy oedd y cyrff dienw. Mae'n sicr fod ffordd ddi-
deimlad Mr. Smith a'i gynorthwywyr o drin y meirw
wedi digio'r Rheithor yn fawr. Protestiai'n barhaus fod
Mr. Smith yn meddwl yn unig am ddiogelu'r aur a'r
eiddo, gan anwybyddu teimladau perthnasau ac anwyl-
iaid y rhai a oedd wedi marw.

Yn y diwedd aeth yn gweryl cas rhwng y ddau, a'r
naill yn ceisio rhwystro'r llall ymhob dim. Fe âi Hughes
mor bell â dweud wrth ei blwyfolion am ddod ag unrhyw
eiddo y doent o hyd iddo ato ef yn gyntaf. Fe yrrodd hyn
Mr. Smith yn gacwn gwyllt ac fe aeth mor bell â bygwth y
Gyfraith ar y Ficer. Yn wir, fe yrrwyd llythyr swyddogol
iddo yn ei rybuddio y byddai'n cael ei ddwyn o flaen y
Llys os byddai'n rhwystro'r swyddogion eto.

Ond dyn penderfynol oedd y Parch. Roose Hughes, ac
efallai, dipyn yn hunan-gyfiawn ac awdurdodol ei
ffordd. Beth bynnag, nid yw'n ymddangos iddo gymryd
unrhyw sylw o'r llythyr. A phan ddaliwyd llanc o'i
eglwys yn cario siaced i fyny o'r traeth, fe'i harestiwyd

ar orchymyn Mr. Smith a'i daflu i garchar ar gyhuddiad o ysbeilio. Pan ddaeth yr achos o flaen y Llys dywedodd y llanc mai ar gais y Parch. Roose Hughes y cyflawnodd y weithred, ac yn wir darllenwyd llythyr yn y Llys oddi wrth y Rheithor yn tystio fod y bachgen o gymeriad da a'i fod wedi gwneud yr hyn a wnaeth ar ei gais ef. Fe gafodd y llanc ei ryddhau. Ond os rhywbeth, gwaethygu a wnaeth y cweryl rhwng y Rheithor a'r awdurdodau.

Erbyn hyn yr oedd perthnasau ac anwyliaid y rhai oedd wedi marw yn cyrraedd Moelfre wrth y dwsinau. At y Rheithor yr aent bob tro am wybodaeth a chydymdeimlad. Ac os oedd e'n ddiffaith tuag at Mr. Smith a'i ddynion, yr oedd yn llawn tosturi tuag at y rhai oedd yn galaru. Deuent o bell iawn weithiau—rhai o'r Alban a rhai o berfeddion Lloegr. Ac fe ddeuent yn llawn amheuon. A oedd yr un a geisient yn fyw neu yn farw ? Ac os yn farw ble'r oedd ei gorff ? A oedd ymysg y rhai a oedd wedi eu anffurfio gan y môr a'r creigiau fel na ellid ei adnabod ? Gorweddai'r cyrff gyda'i gilydd yn yr eglwys— yn olygfa rhy ddychrynllyd i wragedd a merched sensitif edrych arni, ac er mwyn arbed eu teimladau, fe âi'r Rheithor neu ei wraig dda i mewn i fysg y cyrff, ar ôl cael disgrifiad manwl o'r person a geisiai'r galarwyr. Ond weithiai, er mwyn bod yn siŵr, byddai rhaid i'r anwyliaid fynd i mewn i edrych drostynt eu hunain. Bryd hynny byddai'r Rheithor yn clymu cadach am eu llygaid nes iddynt gyrraedd y fan lle y tybid fod y corff yn gorwedd. Wedyn fe dynnai'r cadach i ffwrdd fel y gallai'r ymchwilydd weld y corff hwnnw'n unig.

Fe gyffrowyd Charles Dickens yn fawr iawn gan longddrylliad y "Royal Charter" ac yn arbennig gan waith dyngarol y Rheithor yn ystod y misoedd ar ôl y trychineb. Fe aeth i'r drafferth o ymweld â Moelfre i edrych ar y fan lle collwyd y llong. Ac fe fu'n aros dros nos yn y Rheithordy. Dyma ei ddisgrifiad ef o waith y Ficer :

"The Vicar worked alone, solemnly surrounded by eyes that could not see him and by lips that could not speak. He patiently examined the tattered clothing, cutting off buttons here and a lock of hair there, studying faces, looking for a scar, a bent finger, a crooked toe ; comparing letters sent to him . . . ' My dearest brother had bright, grey eyes and a pleasant smile . . .' O poor sister ! Well for you to be far from here, and keep that as your last remembrance of him !''

A dyma farn Dickens am y Parch. Roose Hughes :

"Had I lost the friend of my life on the ' Royal Charter ', had I lost my betrothed, the more than friend of my life ; had I lost my maiden daughter, my hopeful boy, had I lost my little child ; I would kiss the hands that worked so busily and gently in the church, and I would say, ' None better could have touched the form if it had lain at home.' I could be sure of it ! I could be thankful for it ! I could be content to leave the grave near the house the good family pass in and out of every day undisturbed, where so many were so strangely brought together.''

Dyna farn uchel Dickens am Roose Hughes, ac nid dyn i ddioddef ffyliaid yn hawdd, nac i gael ei dwyllo gan rywbeth ffug, oedd ef, fel y dengys ei holl waith.

Fe ddaeth y Sul ac roedd yr eglwys yn llawn cyrff. Yn wir, dywedodd rhywun fod mwy o gynulleidfa yn eglwys Llanallgo'r Sul hwnnw nag oedd wedi bod ers blynyddoedd. Ond cynulleidfa fud a byddar a di-fywyd oedd hi.

Ond nid oedd y Sul hwnnw'n cael mynd heibio heb wasanaeth i'r plwyfolion chwaith. Rhoddodd y Rheithor orchymyn i dynnu'r pulpud allan a mynd ag ef i'r ysgoldy cyfagos. Ac yno am fisoedd wedyn y bu'r gwasanaethau ar y Sul.

Ugain neu ragor o weithiau'r dydd byddai rhaid i'r Rheithor fynd i mewn i'r eglwys, ar gais rhyw berthynas agos, i edrych am rywun oedd ar goll. Ac yr oedd unwaith yn ddigon i godi cyfog ar ddynion cryfion. Ond ni fu'r gwaith annifyr heb ei effaith ar y Rheithor. Ymhen rhai dyddiau aeth i fethu bwyta dim bwyd. Am ddiwrnodau ni allai gymryd dim ond ambell gwpanaid o goffi. Aeth ei wraig a'i chwiorydd yng nghyfraith (a oedd yn byw yn

y Rheithordy),—i ofidio amdano. Fe geisiwyd ei rwystro
rhag gwneud gormod. Ond, fel dyn wedi ei feddiannu, fe
fynnai fynd ymlaen.

Fe ddeuai rhai o'r perthnasau, weithiau ymhen wythnos,
neu fis, ar ôl i Roose Hughes gladdu gweddillion y rhai y
chwilient amdanynt. Yna byddai rhaid agor y bedd ac
edrych eto ar y cyrff drewllyd.

Unwaith neu ddwy fe gyrrhaeddodd pobl i chwilio am
rywun oedd wedi ei roi i'r ddaear y prynhawn hwnnw.
Nid oes sôn i'r Ficer golli ei dymer un waith. Yn aml, ar
ôl dod o hyd i rywun annwyl yn yr eglwys neu yn y
beddau tu allan, byddai'r perthnasau am symud y corff i
fynwent y teulu—efallai draw yn Lloegr. Y Parch.
Stephen Roose Hughes oedd yn gorfod gwneud y trefn-
iadau, ac yn aml gofynnid iddo deithio gyda'r corff i
gymryd rhan yn y gwasanaeth yn y fynwent honno.

Mae sôn hefyd am godi cyrff mam a thad o fynwent
Llanfairmathafarneithaf er mwyn iddynt orwedd gyda'u
plentyn bach, a oedd wedi ei gladdu ym mynwent
Penrhos Lligwy. Fe gladdwyd i gyd 140 o gyrff ym
mynwent fach Llanallgo a 45 ym mynwent Penrhos
Lligwy, sef eglwys Hugh Robert Hughes, brawd Rheithor
Llanallgo a Llaneugrad. Fe gladdwyd rhai hefyd yn
Llanbedr-goch, Llanwenllwyfo, Llanddona, Pentraeth ac
yn un neu ddwy o eglwysi eraill.

Claddodd y Parch. Roose Hughes y rhan fwyaf o'r
cyrff a fu'n gorwedd yn ei eglwys ef, yn bedwar mewn
bedd, ac yr oedd wedi paratoi cofrestr ofalus o bob un.
Ar astell uwch ben pob bedd yr oedd wedi nodi rhifau'r
pedwar corff yn y cofrestr. Ac os deuai rhywun i chwilio
am unrhyw un o'r ymadawedig, fe wrandawai'r Rheithor
ar ei ddisgrifiad o'r person, yna fe âi i edrych yn y cofrestr
lle'r oedd wedi rhoi i lawr unrhyw nodweddion—fel
craith, neu nam—fel y dywedodd Dickens, "a crooked
finger, a bent toe." Wedi cael y manylion hyn fe fyddai
ganddo syniad go lew pa fedd i'w agor er bodloni'r
person oedd yn chwilio. Yn aml, aml, yn ôl yr hanes, bu
rhaid iddo agor bedd yn ofer, a'i gau yn ôl wedyn.
Mae'n debyg iddo gladdu cyrff yn bedwar mewn bedd

er mwyn arbed lle. Felly mae'n dra thebyg mai ar ben ei
gilydd yr oedd yr eirch. Os felly fe fyddai rhaid iddo godi
tri chorff arall weithiau cyn dod o hyd i'r un a geisiai.

Pan ymwelais i â mynwent eglwys Llanallgo, fe'm
synnwyd i weld mor fychan oedd. Roedd hi'n anodd
credu fod darn o dir cyn lleied wedi gallu derbyn cynifer
o gyrff.

Mae digon i atgoffa'r ymwelydd am longddrylliad y
"Royal Charter" ym mynwent Llanallgo o hyd. Ar y
meini mawr a mân fe geir y 26ain o Hydref fel dyddiad
marw llawer sy'n gorwedd yno. Mae yno ambell faen
bychan, syml, o lechen lwyd â dim ond enw moel a
"Perished on this coast Oct. 26th 1859" arnynt. Ond y
mae yma feini mawr hefyd, maen coffa Edwin Fowler,
er enghraifft. Dyma'r ysgrif ar y maen hwnnw.

"BENEATH repose the remains of Edwin Fowler and
of his daughters Jane and Ida who were lost in the
wreck of the ' Royal Charter.' This monument has
been erected to their memory and to the memory of
Anna Fowler, the beloved wife of Edwin Fowler who
perished in the wreck, and whose body was never
recovered, by their orphaned children, Fanny, Lucrecia
and Edwin.

Here also lie the remains of Emma Calf, the nurse
of Ida, whose body was recovered but a few paces
from that of her infant charge. She was faithful unto
death."

Jane Fowler oedd y ferch ifanc, hardd, ddwy-ar-
bymtheg oed y soniwyd amdani eisoes. Nid oedd Ida ond
pump oed. Fe welir na chafwyd byth mo gorff gwraig
Edwin Fowler, ac fe fûm yn ceisio amcan-gyfrif pa nifer a
gollwyd felly, na ddaeth eu cyrff byth i'r lan. Wrth gwrs,
mae'n anodd iawn bod yn siŵr, gan fod cyrff di-enw wedi
hanner mallu, wedi dod i dir mewn llawer man—weithiau
ymhell iawn o'r Moelfre. Daeth cyrff i dir, fel y gwyddom,
yng Ngogledd Iwerddon ac yn yr Eil o' Man. Rhaid cofio
hefyd fod bywydau lawer wedi eu colli ar y môr y noson
honno, heblaw rhai'r "Royal Charter." Ond wedi
cymryd hyn oll i ystyriaeth mae'n dra thebyg fod dros

gant o deithwyr a chriw'r "Royal Charter" na chafwyd
mo'u cyrff byth.

Yr oedd y môr yn y fath gynnwrf y noson honno, fel
y gwasgarwyd y cyrff a'r gwrec dros y lle i gyd. Dywedir
fod rhai o'r blychau mahogani oedd yn dal yr aur ar y
"Royal Charter" wedi eu cael yng Nghwm yr eglwys, yn
sir Benfro.

Fe gladdwyd 140 o gyrff yn Llanallgo, ond mae'n
debyg fod llawer o'r rheini wedi eu codi a'u dwyn yn
ddiweddarach i orwedd gyda'u hanwyliaid mewn myn-
wentydd eraill, weithiau ymhell o Gymru. Ac, efallai fod
Dickens yn meddwl am y straen yr oedd hyn yn ei osod
ar y Parch. Stephen Roose Hughes druan, pan ysgrif-
ennodd, ". . . had I lost my maiden daughter, had I lost
my hopeful boy . . ." Tybed a oedd yn gobeithio y
byddai'r geiriau hyn yn darbwyllo pobl i adael i feirw'r
"Royal Charter" orwedd yn heddwch mynwent Llanallgo
am ei fod yn gwybod erbyn hynny fod yr holl gladdu a'r
datgladdu yn dechrau effeithio'n ddrwg ar iechyd y
Rheithor cydwybodol ? Mae'n dra thebyg fod mab a dwy
ferch Edwin Fowler wedi gadael i'w tad a'u dwy chwaer
orwedd yn Llanallgo oherwydd i Dickens ysgrifennu'r
geiriau yna, oherwydd yr oedd y Fowlers yn deulu
bonheddig a chyfoethog heb unrhyw gysylltiad â Chymru.

Mae maen coffa'r Fowlers yn un mawr. Ond yr un
mwyaf yn y fynwent yw'r un sy'n coffau'r holl gyrff a
gladdwyd yno adeg y llongddrylliad. Dyma'r ysgrif ar
hwnnw.

"This monument has been erected by public sub-
scription to the memory of those who perished in the
wreck of the Royal Charter . . . There lie in this
churchyard the remains of 140 of the sufferers and 45
in the churchyard of Penrhos Lligwy, all of whom were
buried by the pious and charitable incumbent the Rev.
Stephen Roose Hughes and his brother, the Rev.
Hugh Robert Hughes of Penrhos Lligwy."

Pan gyrhaeddodd Dickens Llanallgo, bron ddau fis ar
ôl y llongddrylliad nid oedd yr un corff yn aros i'w
gladdu yn yr eglwys. Ond dywed ei fod yn gallu gweld

Y llong yng nghanol y storm

olion y cyrff ar lawr yr adeilad. Roedd heli'r môr, a oedd ar y cyrff, wedi gadael eu ffurf ar lawr yr eglwys yn y ffordd fwyaf rhyfedd.

Tlodaidd a llwyd yr olwg arni yw eglwys Llanallgo heddiw, ac felly hefyd yr oedd hi yn 1859. Disgrifiodd un gohebydd hi bryd hynny fel—"a barn, with a belfry at one end." A rhaid ei bod mewn cyflwr drwg iawn oherwydd yn 1864 fe gafodd yr adeilad ei atgyweirio yn bur helaeth. Fe yrrwyd llythyr at Dickens yn gofyn iddo am danysgrifiad tuag at dreuliau'r atgyweirio. Anfonodd gini ! Yr oedd ef bryd hynny ar anterth ei boblogrwydd ac yn ddyn cyfoethog iawn.

Fel y dywed Alexander McKee yn ei lyfr ardderchog, *The Golden Wreck*, fe gafodd yr adroddiadau a ymddangosodd yn y Wasg am wŷr Moelfre'n lladrata cyfoeth y meirw, effaith ddifrifol iawn ar ffrindiau a pherthnasau'r rhai a oedd wedi colli eu bywydau yn y llongddrylliad. "They conjured up the possibility, perhaps probability, of the dear one as a corpse, white in the breakers, feverishly dragged to shore by thieving, pawing hands."

Ac wrth gwrs, fe ddechreuodd y rhuthr mawr, o bob man ac o bob cyfeiriad—tua phentre Moelfre ! Meddai un o ohebwyr y papurau Saesneg, "Cabs, phaetons, and vehicles of every description were in great demand, and such a throng of people on the road to Moelfre probably was never seen before."

Fe wnaeth yr unig dafarn ym mhentre bach Pentraeth arian mawr oddi wrth y teithwyr hyn, oherwydd erbyn cyrraedd hyd yno, byddai pawb bron mor flinedig, mor newynog a sychedig, fel y byddai rhaid aros yno am awr neu ddwy cyn mynd ymlaen i Moelfre.

Ond yn y diwedd, at Stephen Roose Hughes y deuai'r teithwyr hyn bron i gyd. Fe gaent eu trin yn bur gwta gan yr awdurdodau i lawr ar y traeth a'r creigiau islaw Moelfre, oherwydd yno, yr oeddynt yn ychwanegu'n fawr at broblemau Mr. Smith a'i ddynion, oedd yn gwneud eu gorau i gadw dieithriaid i ffwrdd o'r fan. Ond gan fod cyrff yn dal i ddod i dir o hyd, nid gwaith hawdd oedd eu cadw draw, oherwydd yr oedd y mwyafrif ohonynt yn awyddus i weld drostynt eu hunain cyn gynted ag y gallent—ai eu hanwylyd hwy oedd unrhyw gorff newydd a ddeuai i'r lan. Fe achosodd ffordd arw'r swyddogion chwerwder mawr yn eu mysg. Mor wahanol oedd y driniaeth a gaent gan y Rheithor ! Doedd dim rhyfedd felly iddynt bwyso'n drymach o lawer arno ef nag ar Mr. Smith a'i griw ym Moelfre.

Wrth ddarllen ac ail-ddarllen hanes llongddrylliad y "Royal Charter" fe welwn fod pobl Moelfre, Llanallgo a'r ardaloedd cyfagos wedi dangos caredigrwydd mawr tuag at y dieithriaid hyn a ddisgynnodd ar eu pennau mor annisgwyl. Cawsant groeso a llety ar aelwydydd tlawd y Monwyson, ac ni buont yn brin o gydymdeimlad yn eu galar.

Ond yn bennaf yn eu mysg yr oedd y Parch. Stephen Roose Hughes. Safai ef ynghanol yr annrhefn a'r dryswch a'r galar i gyd yn graig gadarn—yn gymorth hawdd ei gael mewn cyfyngder. Dywedir fod y dyn da yn talu chweugain o'i boced ei hun i bob ffermwr, neu berchen cert, a ddygai gorff o'r traeth i eglwys Llanallgo. Dywedir iddo fynd i dlodi mawr trwy helpu eraill yn ystod y cyfnod yma, ac yn wir mae gennym brawf pendant fod hynny'n wir, oherwydd pan fu farw ym mis Chwefror 1862, ni adawodd ddimai goch ar ei ôl, ac yr oedd ei wraig mewn dygn dlodi.

Ond cyn hynny—erbyn diwedd 1859—yr oedd wedi gwario'i gyfan ar geisio datrys y problemau a achoswyd gan y llongddrylliad. Dywedir iddo ysgrifennu 1075 o lythyron i bobl a oedd yn ceisio gwybodaeth ganddo.

Ym 1860 roedd rhai pobl wedi sylweddoli sut yr oedd hi arno, ac fe aethpwyd ati i wneud tysteb gyhoeddus iddo, i geisio'i godi uwchlaw angen. Ond credir iddo wrthod derbyn dimai o'r swm a gasglwyd i'w wasanaeth ei hun. Fe dalodd cwmni Gibbs, Bright gan punt iddo er mwyn ei ddigolledu ef a'r pentrefwyr o unrhyw dreuliau a achoswyd yn uniongyrchol gan y llongddrylliad. Eto, fe ofalodd y Rheithor mai'r pentrefwyr tlawd a fanteisiodd ar haelioni Gibbs, Bright, ac nid ef ei hun.

Bu farw'r Parch. Stephen Roose Hughes yn 1862, yn 47 mlwydd oed. Fel y dywedwyd, fe effeithiodd llongddrylliad y "Royal Charter" yn drwm arno. Fe gollodd ei archwaeth at fwyd ar ôl ymwneud cymaint â'r cyrff yn yr eglwys ac wrth weld y fath alar a thrueni. Rhwng 1860 a'i farwolaeth yn 1862 fe ddioddefodd lawer o afiechyd. Ym 1861 fe'i trawyd gan "Rheumatic Fever" ac ni ddaeth dros yr afiechyd hwnnw.

Yn union ar ôl ei farw, fe aeth y si ar led fod ei weddw mewn tlodi, heb ddimai wrth gefn. Ac yn awr, wrth gwrs, byddai rhaid gadael y Rheithordy er mwyn rhoi lle i Berson newydd.

Unwaith eto, fe gofiodd y Cyhoedd am waith anhunanol Roose Hughes yn ystod cyfnod y llongddrylliad, ac unwaith eto aethpwyd ati i wneud tysteb—i'w weddw y tro hwn. A'r tro yma ni allai ei gŵr ystyfnig, a phenderfynol wrthod y cardod.

Ni wyddom yn iawn faint o swm a gasglwyd i'r weddw, o barch i'w gŵr ymadawedig, ond gwyddom ei fod yn sym sylweddol,—swm a'i cododd uwchlaw angen am y gweddill o'i hoes.

Trwy garedigrwydd Mr. R. R. Williams yr hanesydd o Borthaethwy, fe ddaeth i'm llaw gopïau diddorol o lythyrau a sgrifennwyd *at* a *chan* swyddogion y Bwrdd Masnach "Marine Department" yn ystod yr amser pan oedd y dysteb ar droed.

Derbyniodd y Bwrdd Masnach lythyr oddi wrth ŵr o'r enw Mr. Gillott o Lundain, yn tynnu ei sylw at y ffaith fod tysteb wedi ei threfnu.

36 Strand W.C.
May 1st 1862

Sir,

The Rector of Llanallgo, the clergyman who, with his amiable wife, did so much to alleviate the sorrow so widely scattered abroad by the wreck of the "Royal Charter", has passed away—his constitution, I

have no doubt, overcome by the superhuman exertions
attendant on that awful calamity . . ."

Fe â ymlaen i ofyn i'r Bwrdd Masnach am gyfraniad
hael at yr achos teilwng, gan orffen trwy ddweud . . .

"for I feel it will be a graceful offering to the memory
of so worthy a man, to protect his widow from the
possibility of want. The Elder Brethren of the Trinity
House have voted £50."

Ond yr oedd hir gof gan y Bwrdd Masnach, yn enwedig
gan swyddogion **y** "Marine Department" yn yr achos
yma. Cofiodd rhywun fod Roose Hughes wedi achosi
trwbwl a thrafferth i Mr. Smith, y "Receiver of Wrecks".
Na, rhaid peidio a gwneud cyfraniad at yr achos da yma,
hyd yn oed os oedd y weddw'n marw o newyn,—nes eu
bod wedi edrych i mewn i ymddygiad y Rheithor tuag
at Mr. Smith.

Gofynnwyd i Mr. Smith am adroddiad o'r cyhuddiadau
a wnaeth yn erbyn y Rheithor yn 1859. Dyma'i ateb.

Sir,

As Mr. Hughes is now deceased I would have
much preferred remaining mute on the subject, not
being able to say anything Praiseworthy of him in my
capacity of Receiver of Wrecks. But in consequence of
your foregoing Reference I am constrained to report
thereon, trusting that you will excuse my now entering
on matters . . . not at all complimentary to the De-
ceased. Suffice it today (to state) *that Mr. Hughes
rendered no assistance whatever in the preserving of the property
washed ashore on the bodies from the Royal Charter, but
obstructed me in many ways in little matters where he might
have rendered assistance.* His frequent remarks on the
Service made in the presence of Relatives searching for
their Relations were *unjust and uncalled for*—so much so
that Capt. Macgregor R.N. of the Coast Guard, as
well as myself were compelled on more than one
occasion to reprimand him, and to threaten to bring
his conduct officially before the Lords of the Privy

Council for Trade, before he would desist. *Mr. Hughes had nothing whatever to do with the Recovery of the Bodies or the Property*, although he stated to the Public that he employed boats for that purpose and for which he paid out of his own private purse, *which was untrue.*"

Fe ddengys y llythyr yma fod y rhwyg rhwng y ddau yn un dwfn a chwerw, ac mae'n anodd gwybod beth i'w wneud o osodiadau'r "Receiver of Wrecks" pan ddywed, yn hollol bendant, fod y Rheithor yn dweud celwyddau. A oedd yn eiddigeddus o'r enwogrwydd a oedd wedi dod i Roose Hughes trwy longddrylliad y "Royal Charter", tra'r oedd ef ei hun wedi ei anwybyddu i raddau helaeth— er fod ganddo ran bwysig a chyfrifol i'w chware yn y ddrama ? A fethodd Roose Hughes a sylweddoli mor anodd oedd y dasg a wynebai'r "Receiver of Wrecks" yng nghanol y cynnwrf a'r sibrydion a ddilynnodd y llong- ddrylliad ? A oedd tipyn o'r bai ar bob ochr ?

Beth bynnag fe gafodd llythyr Mr. Smith dderbyniad annisgwyl yn y "Marine Dept.", ac mae'n debyg iddi fod yn edifar ganddo iddo sgrifennu fel y gwnaeth, oherwydd yn awr fe ddisgynnodd cerydd ei feistri arno ef !

Capt. Su. . . . (gweddill yn anncalladwy)
Capt. Robertson.

"The report of the Receiver respecting the conduct of the Rev. R. Hughes quite astonishes me. Whenever we required information from the Receiver relative to the Royal Charter he almost invariably had to refer to the Rev. R. Hughes for the information we required, thus showing that Mr. Hughes was really doing most efficient service. If the Receiver had anything to complain of he should have done so at the time. (A dweud y gwir, fe wnaeth !)

I hope jealousy or ill-feeling has not influenced the Receiver in making his report. I cannot conceive after all we heard at the time and since respecting the noble

exertions made by Mr. Hughes that the Receiver's
report can be quite correct.

I think we should give the Widow the £100 re-
commended. The Trinity House, who certainly had
not so much interest respecting the Royal Charter, has
given £50 to the Widow."

Ac fe gafodd y weddw y canpunt hwnnw ar waethaf
llythyr beirniadol Mr. Smith.

Ond chware teg i'r boneddwr hwnnw, fe ddangosodd
yntau dipyn o ysbryd Cristnogol yn niwedd y llythyr y
dyfynnais ohono uchod. Dyma a ddywed.

"I believe Mr. Hughes to have been hospitable to
many who were seeking to recover the bodies of
friends etc. and to have been jealous in the performance
of the duties of his office as Rector of the Parish. His
widow I believe to be a most worthy Lady and an
object for their Lordships Consideration."

Mae'r diweddglo hwn i'w lythyr yn dangos nad oedd
Smith yn ddyn hollol afresymol, nac yn brin o ysbryd
Cristnogol, gan ei fod yn fodlon iawn gweld Mrs. Hughes
yn cael ei thalu am y gwaith a wnaeth ei gŵr. Ond nid
oedd, ymhen tair blynedd ar ôl llongddrylliad y "Royal
Charter", a Roose Hughes yn ei fedd, yn fodlon cydnabod
fod y Rheithor yn haeddu'r clod a'r enwogrwydd a
ddaeth i'w ran gyda'r llongddrylliad. Beth oedd wedi
achosi'r digofaint mawr rhwng y ddau ? Gwyddom nad
oedd Roose Hughes yn fodlon ar y ffordd roedd Mr.
Smith yn ymddwyn tuag at y dieithriaid a ddeuai i'r
Moelfre i chwilio am eu rhai annwyl. Gwyddom hefyd
fod Mr. Smith yn ddig iawn wrth y Rheithor am ei fod
yn ei feirniadu a'i ddifrio yng nghlyw pobol eraill.

Ond rhaid bod rhywbeth mwy na hynny wedyn. Mae
Mr. Smith yn cyhuddo'r Rheithor o ddweud *celwydd* !
Ac eto pan fyddai angen rhyw wybodaeth ar y Bwrdd
Masnach ynglyn â'r rhai oedd wedi colli eu bywydau,
byddai Mr. Smith yn gorfod mynd at Roose Hughes i
ofyn—fel y dengys llythyr Capten Robertson a'r Capten
arall. Os oedd yn ei gasau â chas perffaith (ac mae ei

lythyr yn awgrymu hynny), rhaid ei bod yn anodd iawn
ganddo fynd ato i ofyn am wybodaeth, a ddylai fod yn ei
feddiant ef ei hun. Dywed yn ei lythyr fod Roose Hughes
yn *honni* ei fod yn talu pysgotwyr Moelfre am fynd allan
yn eu cychod i edrych am gyrff, ond nad oedd hynny'n
wir. Ond fel y clywsom yn barod, yr *oedd* Roose Hughes
yn talu chweugain i ffermwr, neu unrhyw berchennog
cert, am ddwyn iddo ef gorff o'r traeth. Os oedd hynny'n
gywir, yna mae'n deg i ni gredu ei fod hefyd yn talu
perchnogion y cychod. Ac mae'r un mor deg i ni gredu
wedyn fod y "Receiver of Wrecks" yn ei bardduo'n
fwriadol. Os felly fe gafodd gerydd haeddiannol gan
Capten Robertson a'r Capten arall. Fe dalwyd i Mr.
Smith gan punt am ei waith ef yn cymryd gofal o holl
olud ac eiddo'r "Royal Charter", ac yn awr dyma dalu'r
un swm i weddw ei hen elyn, a fu mor ddiwyd dros y
meirw, a'r rhai oedd mewn galar ar eu hôl.

Fe garwn i allu dweud mod i—wrth ddarllen amdano,
ac wrth holi amdano—wedi dod i adnabod Roose Hughes
yn well. Ond rhaid cyfaddef ei fod yn dal yn ddirgelwch
i mi. Enillodd edmygedd Dickens i'r fath raddau fel yr
ysgrifennodd hwnnw amdano fel petai'n sant. Cyfrifai
eraill ef yn ddyn mawreddog, afresymol (geilw R. R.
Williams ef yn "pedantic"). Oherwydd ei waith dyngarol
mawr ar ôl y llongddrylliad, roedd Roose Hughes yn
haeddu cael rhywun i sgrifennu ei gofiant. Cafodd llawer
o gofiannau gwŷr â gyflawnodd lai nag ef eu sgrifennu, fel
y gwyddom. Ond nid aeth neb ati i wneud y gymwynas
honno ag ef. Pam tybed ?

Yr hyn a wyddom amdano i sicrwydd yw—iddo, fel
Cristion da lafurio hyd eitha'i allu, a thu hwnt i hynny,
dros drueiniaid y "Royal Charter" a'r rhai oedd mewn
galar dwys ar eu hôl. Ac wrth gyflawni'r gwaith dyngarol
hwnnw, heb feddwl amdano'i hunan, fe wnaeth fwy nag a
allai ei gyfansoddiad ei ddal, ac fe gollodd ei iechyd.
Mae'n gywir dweud, rwy'n meddwl, iddo aberthu ei
fywyd dros eraill, ac yn hynny o beth, fe efelychodd ei
Waredwr. Ac eto ni cheir ei enw yn y Bywgraffiadur
Cymraeg ymysg gwŷr enwog ein cenedl. Ni feddyliodd

neb ei fod yn werth paragraph byr yn y llyfr mawr hwnnw. Mae hynny'n beth syn o ystyried y nifer o sildod dibwys a lwyddodd i gael eu henwau ynddo.

Ond tra bo môr yn golchi traethau Môn fe fydd sôn am ddrama fawr y "Royal Charter", a thra bo sôn am y "Royal Charter" nid â enw'r prif gymeriad yn y ddrama honno byth yn ango.

Cyn cau'r bennod yma, fodd bynnag, fe fydd rhaid, o ddegwch i Mr. Smith, ddyfynnu o *The Wreck of the Royal Charter*, gan A. & J.K. unwaith eto. A chofier fod y ddau yma ym Moelfre yn fuan ar ôl y llongddrylliad, ac iddynt aros yno am wythnosau ar ôl hynny, a dod i nabod Smith yn dda iawn. Dyma eu barn amdano.

"He was a gentleman of extra-ordinary energy, and in the discharge of his duties, which were arduous and responsible, *manifested a humane anxiety to obtain every information that he thought could in any way soothe or satisfy the inquiring multitude.* Should this imperfect acknowledgment of his *kindness* ever meet his eyes, may it assure him of the gratitude of at least *two*, who, while at Moelfre, were witnesses of his *philanthropy* . . ."

Mae darllen peth fel yna yn gwneud i ni synnu mwy at y cweryl fu rhyngddo ef a'r Rheithor.A oes yma awgrym o *amddiffyn* Mr. Smith ? Roedd "A. & J.K." wedi gweld llith Dickens am Roose Hughes, ac yma, efallai, ei bod yn ceisio atgoffa'r cyhoedd o'r clod oedd yn ddyledus hefyd i Mr. Smith. Y pictiwr sy gen i o'r Rheithor (a phictiwr yn y dychymyg yn unig yw, heb unrhyw dystiolaeth i'w gadarnhau)—yw o ffanatig penderfynol. Fe drefnodd Rhagluniaeth mai yn ei blwy ef y daeth trueiniaid y "Royal Charter" i dir. Dyma ei gyfle mawr i wasanaethu ei gyd-ddyn a'i Dduw. Ef oedd Rheithor y plwy, ac nid oedd yn mynd i adael i undyn byw ymyrryd yn ei waith dros y meirw a'r rhai oedd yn eu galar. Nid gwaith i leygwyr oedd hwn, ac nid oedd yn mynd i ddioddef gan leygwyr ddweud wrtho beth i'w wneud. Rwy'n teimlo'n weddol siŵr mai ar Roose Hughes roedd y bai yn bennaf am yr ysbryd chwerw rhyngddo ef a'r "Receiver of Wrecks".

Ond nid yw dweud hynny'n tynnu'r un mymryn oddi wrth y gwaith mawr a gyflawnodd y Rheithor yn y cyfnod hwnnw. Fe allai unrhyw swyddog cyfrifol fod wedi cyflawni'r gwaith a wnaeth Mr. Smith yn y Meolfre, ond —gwaith y Parch. Stephen Roose Hughes—mae'n amheus a allai neb fod wedi cyflawni hwnnw mor drylwyr ag y gwnaeth ef. Safodd ef ynghanol y tristwch a'r wylofain. Ef oedd y cysurwr—gwas a lladmerydd Duw, y graig gadarn yng nghanol y storm. Sut y gallai dyn felly ddioddef gan bobl fel Smith i ymyrryd â'i waith ?

Un peth arall,—i Roose Hughes, a oedd yn barod i wario pob dimai a feddai i helpu trueiniaid y "Royal Charter", rhaid bod yr holl ffws a wnai Smith ynghylch yr *aur*—yn *anesboniadwy*.

Fe ddywedodd Dickens, ar ôl darllen am weithredoedd da'r Rheithor, "In the Christmas season of the year, I should like to meet that man." Fe gafodd Dickens ei ddymuniad, oherwydd, fel y dywedwyd, fe deithiodd i'r Moelfre yn unswydd i weld Stephen Roose Hughes.

Wrth ddarllen heddiw am ei ran yn nhrasiedi'r "Royal Charter", yr un yw fy nyhead innau ;—fe garwn i fod wedi cwrdd â'r dyn.

LAWR AR LAN Y MÔR

WEDI dilyn y Parch. Stephen Roose Hughes i'w
fedd cynnar, yn 47 oed, rhaid dod yn ôl yn awr
eto i'r Moelfre a'r glannau creigiog lle suddodd y "Royal
Charter."

Erbyn hyn mae'n fis Tachwedd, ac mae'r tyrfaoedd
mawr wedi mynd. Ond mae llawer o ddieithriaid o
gwmpas o hyd. Mae Mr. Smith a'i fyddin fechan o
ddynion yn cadw llygad eiddigeddus ar bopeth a ddaw i
mewn o'r môr.

Mae rhai galarwyr amyneddgar wedi aros hefyd, yn y
gobaith y daw corff yr un annwyl i'r lan. Yn wir, nid
ydynt wedi colli gobaith yn *llwyr* nad yw'r anwylyd,
trwy ryw wyrth—yn fyw. Ac mae rhai'n aros, nad ydynt
yn alarwyr, ond am eu bod yn "next of kin" i rywun a
oedd ar y "Royal Charter." Breuddwydiant am weld y
corff yn dod i'r lan a'r "money-belt" yn llawn. Ond nid
oes llawer o'r rheini o gwmpas.

Mae Mr. Russell wedi aros ym Moelfre. Efe oedd un o'r
ychydig a gafodd eu hachub. Ond fe gollodd ei wraig a'i
blant a'i holl eiddo serch hynny.

Yn fuan ar ôl iddo gael ei dynnu i ddiogelwch o'r môr
fe welodd gorff plentyn yn gorwedd ar y graig. Ei blentyn
bach ei hun ydoedd. Dywedir mai golygfa drist iawn oedd
ei weld wedyn yn cerdded i fyny dros y creigiau tua'r
pentre â'r plentyn yn ei freichiau. Ond mae ei wraig a
dau blentyn arall yn eisiau, ac felly mae e'n aros o hyd
ym Moelfre i ddisgwyl i'r môr ollwng ei afael ar ei
anwyliaid. Byddai llawer yn sôn am y dyn trist ac unig a
gerddai bob dydd yn ôl ac ymlaen ar hyd y creigiau—yn
disgwyl.

Un diwrnod fe ddigwyddodd peth rhyfedd iawn. Yr
oedd Miss Moulsdale, chwaer-yng-nghyfraith y Rheithor,
gydag ef yn cerdded glan y môr rhyw brynhawn, pan

welsant rywbeth brown yn y dŵr. Wedi ceisio sawl gwaith, fe lwyddodd Russell i gael gafael yn y peth. Waled frown oedd hi—yn cynnwys gweithredoedd darn o dir yr oedd ef ei hun yn berchen arno yn Awstralia. Gallai'r ddau ddarllen y geiriau'n hawdd, gan nad oedd y môr wedi dileu'r ysgrifen o gwbwl.

*   *   *

Ond ni ddaeth cyrff yr un o'i anwyliaid i'r glawr, ac ymhen hir a hwyr, gan nad oedd dim iddo i'w wneud ym Moelfre ond hiraethu a galaru, fe aeth i ffwrdd.

Un arall oedd yn gwrthod, neu yn methu gadael Moelfre oedd Mr. Foster o Fanceinion, a gollodd ei wraig yn y llongddrylliad. Fe âi ef gyda'r dydd bob borc i ymweld â'r mannau lle roedd cyrff wedi eu cael. Ei esgus dros fynd mor fore oedd ei fod yn ofni na allai nabod ei wraig oni welai hi yn union ar ôl iddi ddod o'r dŵr. Arhosodd Mr. Foster tan fis Rhagfyr, a byddai wedi aros rhagor, onibai fod ei gyfeillion yn ei siarsio i adael. O'r diwedd cytunodd i gefnu ar y pentre a welodd gymaint o alar a dioddefaint. Un noson aeth i noswylio'n gynnar, er mwyn codi'n fore trannoeth, i gael un gip arall am ei wraig, ac yna mynd yn ôl i Fanceinion gyda'i ffrindiau. Y noson honno daeth negesydd o Fangor â'r newydd fod corff ei wraig wedi dod i dir—yn Portaferry, yn Iwerddon, heb fod ymhell o Belfast. Cododd Mr. Foster ar unwaith, gwisgodd amdano a chychwynnodd ar ei daith.

Erbyn nos trannoeth roedd e' yn Portaferry, lle y dargafnu fod corff ei wraig wedi ei gladdu ym mynwent yr eglwys yno. Ond ni chafodd ei chorff orwedd yn Iwerddon, a mynnodd ei gŵr ei godi a'i ddwyn yn ôl i Loegr i'w gosod yng nghladdfa'r teulu yng Nghaer.

O dipyn i beth, ar waethaf effaith y storm ar y cyrff dienw a ddeuai i'r lan, yr oedd mwy o hyd o wybodaeth yn dod i'r golwg am y rhai oedd wedi colli eu bywydau. Ni ddaethpwyd byth i wybod i sicrwydd faint o fywydau a gollwyd. Dywed "A. & J.K." mai'r ffigwr oedd 480, ond mae eraill yn credu fod 450 yn nes at y ffigwr.

Un peth sy'n sicr, yr oedd llawer o bobol gyfoethog iawn ymysg y teithwyr. Yn ôl newyddiaduron Awstralia,

yn ddiweddarach, roedd dros gant o'r "diggers" o
"Back Creek" lle'r oedden nhw wedi gwneud eu ffortiwn
wrth gloddio am aur—ar fwrdd y "Royal Charter" pan
ddrylliwyd hi.

Yr oedd hefyd un o'r teuluoedd mwyaf cyfoethog yn
Awstralia arni, tad a mam, pump o fechgyn ac un ferch,
ar eu ffordd i fwynhau dwy flynedd yn crwydro Ewrop.
Roedd merch arall yn gorffen ei haddysg yn Paris, ac
roedd honno i ymuno a hwy yn Llundain yn fuan. Nid
achubwyd yr un ohonynt.

Fe gafodd llongddrylliad y "Royal Charter" sylw mawr
ym mhapurau Awstralia. Yn yr *Amherst and Back Creek
Advertizer* fe ddywedwyd—"Several miners, who had
large sums of money embarked by the ' Royal Charter '
with the intention of settling in England."

Fe setlodd y rhan fwyaf ohonynt ym mynwent Llanallgo
neu ar waelod y môr.

Yr oedd ar y "Royal Charter" leidr a oedd yn teithio
dan ffugenw. Yr oedd ef wedi dwyn £4,000 cyn gadael
Awstralia. Ni chafodd braich hir y Gyfraith byth afael
arno ef. Teithiai gwallgofddyn ar y "Royal Charter"
hefyd, un a achosodd tipyn o drwbwl ar y fordaith. Ond
gorweddai'n ddigon tawel gyda'r lleill ar lawr eglwys
Llanallgo. Dywedir bod ei ben, am ryw reswm, wedi
chwyddo i'r fath raddau nes ei wneud yn ddychrynllyd i
edrych arno.

Fe fu farw pump o gapteniaid gyda'r "Royal Charter".
Roedd pedwar ohonyn nhw'n digwydd teithio adre arni.
Ni ddaeth yr un ohonyn nhw i dir yn fyw.

Erbyn hyn roedd hi wedi dod yn amlwg nad oedd fawr
neb a oedd yn cario sofrins ar ei berson—yn ei bocedi neu
mewn bagiau neu "money-belts" wedi dod i dir yn fyw.
Y rhai oedd wedi mynd yn ysgafn i'r dŵr oedd wedi eu
hachub. Roedd y sgertiau hir, y staes a'r "Bulcher boots"
wedi profi'n angheuol i lawer. Gan nofiwr noeth roedd y
siawns gorau i gyrraedd y lan.

Cafwyd bod llawer o blant bach yn teithio ar y "Royal
Charter". Fel y dywedwyd, nid achubwyd un.

*   *   *

Erbyn dechrau Tachwedd roedd ymchwiliad wedi cychwyn i longddrylliad y "Royal Charter". Pwrpas yr ymchwiliad oedd ceisio penderfynu a oedd bai ar rywun am y fath drychineb erchyll.

Ac erbyn dechrau Tachwedd hefyd roedd rhagor o bobl ddierth wedi cyrraedd Moelfre. Rheini oedd y deifwyr. A'u gwaith ? Wel ceisio dod o hyd i drysorau'r "Royal Charter" a oedd yn gorwedd ynghudd yng nghanol y pentwr annibendod, a fu unwaith yn llong hardd ac enwog.

A'r fath gynhaeaf o aur a gafodd y deifwyr hynny ! Dywed "A. & J.K." iddynt godi gwerth hanner miliwn o'r metel gwerthfawr o'r dwfn cyn dechrau Ionawr 1860. O ble y daeth y cyfoeth hyn i gyd ? Wel, daeth llawer o'r "strongroom" lle'r oedd yr aur o Awstralia wedi ei storio. Faint a ddaeth o'r cabanau—wedi ei adael yno gan deithwyr yn eu hofn a'u dryswch ? Faint o aur a ddygwyd oddi ar gyrff y rhai a oedd wedi marw tu fewn i blisgyn y llong ? Fel y gwyddom roedd llawer o'r rheini i lawr yn y dyfnder gwyrdd, lle gweithiai'r deifwyr yn y dŵr oer, ac nid oedd llygad neb i wylio beth oedd yn mynd ymlaen. Diau i lawer o gyfoeth teithwyr y "Royal Charter" fynd i ddwylo anghyfreithlon yn ystod y dyddiau hynny.

Pan oedd y deifio'n mynd ymlaen fe ddistyrbiwyd tipyn ar yr hwlc llonydd, ac fe ryddhaodd y deifwyr nifer o gyrff a oedd wedi eu dal gan y metel toredig neu gan y môr yn rhuthro i mewn. Daeth y cyrff hynny i dir wedyn ymhen rhai dyddiau.

Un peth a ddygodd y deifwyr i olau dydd, a achosodd dipyn o ryfeddod, oedd darn o haearn o fur y "strongroom". Yr oedd nifer o sofrins melyn wedi glynu wrth ei wyneb—wedi eu rifetio yno gan nerth y storm. Synnai pawb wrth weld y dystiolaeth yma o ryferthwy'r tonnau yn ystod y noson fyth-gofiadwy honno.

Dywed A. & J.K. wrthym fod pentwr o ddillad a mân bethau ar y traeth y dyddiau hynny. Carpiau truenus oedd y rhan fwyaf o'r dillad, a gellid bod wedi eu llosgi neu eu taflu yn ôl i'r môr, onibai y gallai rhyw gerpyn neu ddarn o rywbeth fod yn gymorth i nabod rhywun o'r teithwyr neu'r morwyr a oedd wedi trengi.

Fe geir hanes am ŵr a gwraig yn dod yr holl ffordd o'r Alban i geisio gwneud yn siŵr a oedd ei mab ymysg trueiniaid y "Royal Charter." Pobl dlawd oeddynt, a rhaid bod y siwrnai wedi costio'n ddrud iddynt. Yr unig awgrym oedd ganddynt y gallai ei mab fod wedi hwylio o Awstralia ar y "Royal Charter" oedd geiriau yn ei lythyr olaf—"before you receive this I will be more than half way home." Dim gair am enw'r llong yr oedd yn bwriadu hwylio arni, ond er pan glywodd am golled y "Royal Charter" roedd ei fam wedi bod yn anesmwyth. Wedi cyrraedd Moelfre aethant at Mr. Smith a dangos iddo ef ac eraill ddarlun o'r mab. Na, nid oedd neb wedi gweld ei wyneb ymysg y meirw.

Cerddodd y fam i fyny'r traeth at bentwr o wrec a orweddai ar silff o graig. Ar unwaith disgynnodd ei llygad ar glawr cist morwr. Ar y clawr gallai ddarllen yn glir—enw ei bachgen. Syrthiodd mewn llewyg yn y fan.

Ond ni ddaeth corff yr hogyn hwnnw byth i'r lan hyd y gwyddom.

Erbyn dechrau mis Tachwedd yr oedd y perthnasau mwyaf dylanwadol yn galw ar yr awdurdodau i wneud rhywbeth i ddod o hyd i'r cyrff oedd wedi eu dal y tu fewn i hwlc y "Royal Charter". Ond ni wnaed dim ond gyrru "tug" i Moelfre a chlymu tsaen wrth y gwrec er mwyn rhoi ysgytwad i'r hwlc. Dyna'r cyfan a wnaed, ond fe ddaeth rhai cyrff i'r lan ar ôl gwneud hynny.

Dywed "A. & J.K." fod rhyw fath o gaban wedi ei adeiladu ar lan y môr, o'r estyll a'r gwrec oedd wedi dod i'r lan. Yn y caban yma y cysgodai'r "coastguard" a'r deifwyr rhag y tywydd. Ac yn ymyl, medden nhw, yr oedd pentwr o eirch garw yn disgwyl cyrff newydd o'r môr. Dywedir bod llifiwr coed o Amlwch wedi llifio digon o estyll i wneud dau gant o eirch i anffodusion y "Royal Charter." Yr oedd llawer o'r estyll yn arw ac yn dwyn rhisgl, gan nad oedd amser i gaboli a thrwsio'r coed.

Yr oedd yr hin yn oeri'n gyflym gan fod y gaeaf wrth y

drws, ac fel arfer ar draethau Môn daeth mis Tachwedd a'i siâr o dywydd gwlyb a stormus. Ond ni adawai'r "dwymyn aur" i'r deifiwr gael hoe. Ni fu sôn am ohirio'r ymchwil tan y gwanwyn. O na,—glaw neu hindda, roedd rhaid ceisio achub mwy o hyd o'r metel gwerthfawr a'r trysorau.

Erbyn hyn roedd Mr. Smith a'r swyddogion eraill wedi cael trefn ar bethau. Yn awr roedd yn rhaid i bob un oedd yn gweithio'n swyddogol dros yr awdurdodau, i wisgo darn o frethyn coch ar ei fraich, fel y gellid ei nabod. Ni chai neb arall, ond y rhai oedd wedi colli anwyliaid, ddod yn agos i'r glannau nos na dydd.

Tra'r oedd y deifio a'r casglu a'r claddu'n mynd ymlaen ym Moelfre, yr oedd Ymholiad Cyhoeddus yn mynd ymlaen i achos y llongddrylliad. Cynhaliwyd hwnnw yn Neuadd Sant Sior, Lerpwl.

Rhyw fath o gwest ydoedd ar farwolaeth y "Royal Charter" ac fe gychwynnodd ar Dachwedd 1af, 1859. Fe welir na wastraffwyd llawer o amser. Yr oedd rheswm da am hyn. Yr oedd y cyhoedd wedi cael y fath sioc fod llong mor enwog a'r "Royal Charter" wedi suddo, a cholli cynifer â 450 o fywydau, gan gynnwys pob un o'r gwragedd a'r plant, fel bod rhaid gwybod ar unwaith ar bwy roedd y bai. Roedd yr hanes wedi mynd ar led fod y Capten yn feddw y noson honno, a'i fod wedi gyrru'r llong i ddistryw trwy roi gorchmynion anghywir i'r criw. Si arall a oedd ar gerdded oedd nad oedd y "Royal Charter" yn llestr diogel i deithio ynddi. Dechreuodd pobl gofio am bethau oedd wedi digwydd iddi wrth ei lansio, ac wedi hynny pan fu rhaid iddi droi nôl o'i mordaith gyntaf. Ac wrth gwrs roedd y perthnasau yn galw am ymchwiliad buan er mwyn gweld a oedd hi'n bosib rhoi'r bai ar rywun am y trychineb.

Ond cafwyd fod Capten Taylor yn hollol sobr y noson honno, a'i fod wedi ymddwyn yn ddewr ac yn ganmoladwy trwy'r amser. Fe brofwyd iddo fethu a sylweddoli yn ddigon buan bod rhaid torri'n mastiau i ffwrdd, ond cytunodd Llys yr Ymholiad y gallai unrhyw Gapten arall fod wedi cloffi rhwng dau feddwl ynglyn â chymryd y cam pwysig hwnnw. Fe geisiwyd profi fod rhai aelodau o'r criw wedi rhuthro i'r "bosn's chair" gan adael i'r gwragedd a'r plant foddi. Ond profwyd nad oedd hynny chwaith yn wir. Yr oedd y gwragedd a'r plant wedi cael eu gwahanu oddi wrth y "bosn's chair" pan dorrodd y llong yn ei hanner.

A beth am y llong ei hun ?

Cafwyd ei bod hi'n llong o wneuthuriad campus, a'i bod hi'n hollol ddiddos a diogel ymhob modd. Roedd yr haearn yn ei gwaelod mewn cyflwr da ac yn eithriadol o gadarn.

Yn y diwedd nid oedd neb na dim i'w feio ond y storm fawr, ac un o weithredoedd Duw (act of God) oedd honno.

Wedi edrych o gwmpas i weld pwy i'w feio a methu a chael neb, dyma'r Cyhoedd yn awr yn dechrau meddwl pwy i'w anrhydeddu. Buwyd yn fwy ffodus y tro hwn. Yr oedd Joseff Rogers, y gŵr ifanc o Malta a oedd wedi neidio i'r môr â rhaff am ei ganol, yn teilyngu sylw. Yr oedd y papurau Saesneg eisoes wedi rhoi clod mawr iddo am ei ddewrder. Ni fuont yn brin o dynnu sylw at y gwahaniaeth rhwng ei weithred ddewr ef, a gweithred lladron Moelfre'n ysbeilio'r cyrff. Yn rhyfedd iawn ni welodd yr un o'r papurau Saesneg yn dda i gymharu ei weithred ef â'r hyn a wnaeth yr wyth-ar-hugain o wŷr Moelfre—a oedd—yn nannedd y storm wedi ffurfio cadwyn—er mawr berygl iddynt eu hunain—i dynnu trueiniaid o'r môr.

Fe gafodd Rogers ei wobr. Rhoddwyd iddo bum punt a Medal Aur, heb sôn am glod uchel gwŷr amlwg yn Lloegr. Canodd y beirdd faledi iddo, ac yn ddiweddarach fe wnaed ffilm amdano. Wrth gwrs, roedd Rogers yn haeddu pob clod a chydnabyddiaeth a ddaeth i'w ran. Yr oedd wedi neidio i'r môr pan oedd pawb arall wedi oedi a chloffi rhwng dau feddwl. Ond rhaid cofio ei fod yn nofiwr tan gamp, ac roedd ganddo raff am ei ganol. Pe bai wedi mynd yn galed arno, gallai fod wedi ei dringo yn ôl i'r dec. Rhaid cyfaddef, serch hynny, y gallai fod wedi cael ei hyrddio yn erbyn y creigiau a'i ladd yn y man.

Pan neidiodd i'r dŵr mae'n debyg ei fod wedi penderfynu mai'r lle mwya diogel iddo ef—ac i bawb arall o ran hynny—oedd y traeth creigiog hwnnw a welai, ryw ugain llath o'r llong. Felly, mae'n bosib iddo feddwl am ddiogelwch ei groen ei hun, yn ogystal â lles y teithwyr a'r criw, pan neidiodd i'r môr. Roedd y "Royal Charter" ar y graig, yn cael ei dryllio ; roedd ganddo yntau ffydd yn ei allu i nofio'r ugain llath i'r lan ; roedd e'n hogyn digon siarp i wybod beth oedd ar fin digwydd. Oherwydd hynny, mae'n bosib ei fod yn falch o'r cyfle i ymadael â'r llong. Symud o berygl enbyd i ddiogelwch wnaeth Joseff Rogers.

Dod o ddiogelwch eu cartrefi gyda'r bore bach—i berygl y tonnau a'r gwynt a wnaeth yr wyth-ar-hugain, ac ni chawsant glod na gwobr am yr hyn a wnaethant. Na, nid yw hynny'n hollol gywir. Fe gawsant glod uchel gan y rhai a achubwyd, a chan Rogers ei hun. Ond gan y cyhoedd a'r wasg ni chawsant sylw o gwbwl. Oni bai amdanynt hwy ni fyddai gan Rogers siawns i ddod yn ddiogel i dir. Oherwydd y silffoedd yn y graig yn y fan lle trawodd y "Royal Charter," roedd hi'n amhosibl iddo —rhwng dwy don fawr—i gyrraedd y tir uwchben i ddiogelwch. Hwy aeth i lawr i'w mofyn, pan oedd ton anferth yn crynhoi i fwrw ei llid ar y creigiau. Yr oedd angen dewrder mawr i fynd i lawr o'r tir uwchben i'r silff wastad, lle'r oedd y tonnau'n taro bob munud.

Hwy gydiodd yn Rogers a'i dynnu i ddiogelwch, er yn gwybod nad oedd amser i gilio o ffordd y don oedd yn nesu atynt. Torrodd honno ar y graig, a golchi dros y rhai blaenaf yn y gadwyn. Ond daliodd pob un ei afael, ac ni ollyngwyd Rogers. Ac o'r funud honno yr oedd y gŵr ifanc o Malta yn arwr.

Mae peth fel yna wedi digwydd lawer gwaith yng nghwrs hanes, wrth gwrs. Yn y ddau Ryfel Byd, sawl gwaith yr aeth y "V.C." i'r person anghywir. Felly y bu hi yn yr achos yma. Nid nad oedd Rogers yn haeddu'r

holl glod a gafodd, ond fe'i cafodd ar draul gwŷr a oedd
wedi ymddwyn yn ddewrach nag ef.

Yn ddiweddarach—ar ôl clywed am y swm anrhydedd-
us a dalwyd i Rogers, fe aeth yr wyth-ar-hugain ati i
geisio cael cydnabyddiaeth am eu rhan hwy yn y ddrama.
Dywedir iddynt gael chweugain yr un yn y diwedd,
ond—wedi gorfod *gofyn* am gydnabyddiaeth—nid oedd
eu gweithred bellach yn haeddu cymaint o edmygedd. Yn
wir, pan wnaethant betisiwn am gael eu *talu* am achub
bywydau, fe gollasant eu parch yn llwyr, ac er mawr
gywilydd i'r Awdurdodau a'r cyhoedd ni ddaeth yr un
medal am ddewrder i'r Moelfre—lle roedd y "Royal
Charter" wedi dryllio. Yn lle rhoi clod haeddiannol
iddynt (oherwydd hebddynt mae'n dra sicr y byddai pob
enaid ar y llong wedi ei golli)—fe fynnodd y Wasg
Saesneg sôn o hyd am y lladrata oddi ar y cyrff a ddaeth i
dir. Roedd y llaid wedi ei daflu at wŷr Moelfre, ac fe
lynodd wrthynt am flynyddoedd.

Ond fe wyddai Rogers ei hun faint o berygl a wynebodd
yr wyth-ar-hugain y noson honno, ac fe roddai ef glod
uchel iddynt pryd bynnag y byddai rhywrai'n ei holi
ynghylch y noson.

Fe roddwyd cymaint o sylw i'r hanes am wŷr Moelfre'n
casglu sofrins ar hyd glannau'r môr, fel yr anghofiwyd
yr effeithiau *drwg* a gafodd y llongddrylliad ar fywyd y
pentrefwyr. Fe ddigwyddodd y trychineb pan oedd
tymor pysgota penwaig yn ei anterth. Oherwydd y
tywydd a'r llongddrylliad—tymor llwm iawn fu hwnnw i
bysgotwyr Moelfre. Hefyd roedd y "Royal Charter"
wedi dryllio yn ymyl chwarel a elwir yn "Marble Quarry"
—ac fe roddodd y llongddrylliad ben ar waith yn y
chwarel drwy'r gaeaf i gyd bron. Rhaid cofio'r holl
bethau hyn—cyn penderfynu fod gwŷr Moelfre wedi
gwneud elw mawr o'r "Royal Charter" a'i theithwyr a'i
chriw anffodus. Y tebygrwydd yw fod rhai wedi gwneud
ffortiwn o'r llongddrylliad, a rhai eraill wedi diodde
caledi o'i hachos.

*   *   *

Ar y 5ed o Dachwedd 1859, dygwyd hogyn 13-14 oed o'r enw William Parri, o flaen y Llys yng Nghaernarfon ar gyhuddiad o ddwyn wats aur, dwy gadwyn aur, dau sêl, ac un allwedd, o draeth Moelfre ar y 27ain o Hydref. Gwas bach ar fferm y Castell, Llanwenllwyfo oedd yr hogyn a dygwyd ef i Gaernarfon "in custody" gan ryw Inspector Owen.

Pan ddechreuwyd ei holi (yn Gymraeg am na fedrai Saesneg) fe gyfaddefodd iddo godi'r wats a'r ddwy gadwyn, etc. oddi ar y traeth. Fe'i cafodd mewn rhyw ddarn o frethyn toredig "a black rag."

Pam roedd e' wedi rhoi'r pethau hyn yn ei boced?

Roedd ateb yr hogyn yn arwyddocaol. Dywedodd fod pawb arall yn gwneud yr un peth!

Mae'r geiriau yna—rwy'n meddwl—yn werth cnoi cul uwch eu pen. Clywsom sôn am ladrata ac ysbeilio, ac fe glywsom wadu hynny, ac i'r chwilotwr—gan mlynedd a rhagor ar ôl y digwyddiad—mae'n anodd penderfynu beth sy'n wir, a pheth sy'n gelwydd.

Ond dyma i ni hogyn 13 oed, yng ngafael y Gyfraith am y tro cyntaf yn ei fywyd—am ddwyn wats aur a phethau eraill o draethau Moelfre. Mae arno ormod o ofn i gelu dim. "Gan y gwirion y ceir y gwir," meddai'r hen air. Mae'n ddigon call i wybod na thâl hi ddim iddo geisio dod yn rhydd trwy ddweud celwydd. Ac mae'n dweud, "roedd pob un arall yn gwneud yr un peth!" Wrth gwrs, mae'n debyg nad oedd hyn ddim yn *llythrennol* wir. Doedd *pawb* ddim yn lladrata. Ond roedd hi'n *ymddangos* i'r hogyn fod pawb yn gwneud—oherwydd fod *llawer* o'i gwmpas yn eu helpu eu hunain. A dyna pam y gwnaeth yntau yr un peth. Ydyw, mae'r ateb yna, gan blentyn o flaen Llys Barn, yn dweud llawer wrthym am yr hyn oedd yn mynd ymlaen ar draethau Moelfre yn union ar ôl y llongddrylliad.

Cyn gadael hanes gwas bach y Castell, Llanwenllwyfo, mae'n werth cofnodi beth a ddigwyddodd iddo ar ôl iddo roi'r wats aur a'r ddwy gadwyn a'r gweddill, yn ei boced. Rywfodd neu 'i gilydd fe ddaeth y gwas mawr i wybod am y

peth, a thrwy fygwth datgelu'r lladrad i'r awdurdodau,
fe lwyddodd i gael y wats iddo'i hunan. Ac yn ei gist ef
yr oedd hi pan ddaeth yr Heddlu i chwilio. Fe fu rhaid
iddo ef ddweud tipyn o gelwydd yn y Llys cyn dod allan
ohoni yn groeniach. Fe gafodd yr hogyn bythefnos o
garchar.

Y Parch. Stephen Roose Hughes, M.A.

DIWEDD Y STORI

YR oedd y Nadolig wrth y drws, ac roedd y nofelydd mawr, byd-enwog, Charles Dickens wedi dod i Moelfre i weld Roose Hughes ac i edrych ar y creigiau creulon a oedd wedi dryllio'r "Royal Charter".

Deuai ambell gorff i mewn gyda'r llanw o hyd, neu fe ddôi rhyw bysgotwr o hyd i gorff yn fflotio yn y môr, filltir neu ragor o'r lan. Yna byddai'n clymu rhaff amdano a'i lusgo tu ôl i'r cwch i'r tir. Erbyn hynny cyrff wedi chwyddo ac wedi newid tu hwnt i allu neb eu hadnabod oeddynt. Ond roedd eithriadau i hynny. wedyn, oherwydd dywed A. a J.K. wrthym am rai a ddaeth i dir heb eu handwyo na'u hanffurfio—fel petaent newydd farw—ym mis Ionawr 1860.

Ond roedd nifer ofnadwy o gyrff ar goll o hyd—gant a hanner cfallai ac roedd pobl yn dechrau cwyno nad oedd yr awdurdodau'n gwneud dim ond deifio am yr aur, heb hidio am y meirw oedd ar goll. Ac roedd hynny'n wir, wrth gwrs. Ar waetha'r ffaith fod y môr yn oeri'n gyflym, ac er fod tywydd garw'n rhwystr yn aml—fe âi'r gwaith o ddeifio am yr aur ymlaen yn ddi-stop.

Yr oedd rhai am symud yr hwlc a'r gwrec oedd o'i gwmpas er mwyn cael y cyrff oedd wedi eu dal tu fewn i'r llong pan ddrylliwyd hi. Ond gallai gwneud hynny symud yr aur o gyrraedd y deifwyr—felly doedd dim iws. Bu'r ddadl rhwng y rhai oedd yn ceisio cyrff eu rhai annwyl a'r rhai oedd yn ceisio'r aur, yn un hir a chwerw. Yn arwain y rhai oedd yn ceisio'u hanwyliaid—fel y dywedwyd—yr oedd y Parch. Roose Hughes, ac ar flaen y gad dros y rhai oedd yn ceisio diogelu'r eiddo a'r cyfoeth— yr oedd Mr. Smith.

Oherwydd fod awdurdod y Gyfraith tu ôl iddo, Mr. Smith gafodd y gorau o'r ddadl.

Ond fe lwyddodd y Rheithor a'r galarwyr i gael yr

Aelod Seneddol, Syr R. W. Bulkeley, Bart., o'u plaid.
Ysgrifennodd lythyr chwerw i'r Bwrdd Masnach. Soniodd
am "painful scenes that daily take place in the vicinity of
the wreck, and the callousness of the owners. To the
applications of these sorrowing relatives, to the agents in
charge of the ship, requesting them to use their appliances
to weigh up portions of the wreck, with a view to releasing
a number of bodies,—not the slightest attention is paid ;
on the contrary, nothing but the most revolting in-
difference to their feelings is shown. The recovery of the
gold appears to be the only object of the owners and
underwriters." Fe gafodd y llythyr gyhoeddusrwydd
mawr yn y Wasg, ac fe wnaeth fywyd y perchnogion
dipyn yn fwy anodd nag oedd yn barod. Mae dyn yn
gweld dylanwad Roose Hughes yn hyn oll. Bron na
ddywedwn ni ei fod wrth benelin yr Aelod Seneddol pan
luniwyd y llythyr uchod !

Ond fe ddaeth bygythiad arall i awdurdod Mr. Smith,
heblaw'r Rheithor a'r perthnasau. Yn sydyn reit, fe
sylweddolodd Arglwydd Boston, perchen stâd helaeth
ym Mhenrhos Lligwy, gan gynnwys y traethau moel lle
drylliwyd y "Royal Charter," a lle daeth cymaint o
gyfoeth i'r lan—fod ganddo ef siawns dda i hawlio'r cyfan
o'r trysor oedd heb ei hawlio gan eraill. Dywedodd fod
ganddo ef hawl "by certain *Royal Charters*" (ie'n wir i chi !)
i unrhyw wrec na ellid cael perchennog iddo, a olchid i'r
lan ar dir ei stâd ef.

A dweud y gwir, yr oedd ef yn dyfynnu o hen ddeddf
oedd wedi ei diddymu ganrif ynghynt, a rhaid bod ei
gyfreithwyr wedi agor ei lygaid yn ddiweddarach,
oherwydd ni chlywn ragor am ei gais ef i berchnogi
trysorau'r "Royal Charter."

Ymhen hir a hwyr aeth y deifwyr ymaith, ac ar eu hôl y
swyddogion—a chafodd pobl Moelfre lonydd i fynd
ymlaen a'u bywyd bob dydd fel cynt.

Ond am lawer blwyddyn wedyn fe ddeuai pererinion o
bell i ymweld â mynwent ddistaw Llanallgo neu Benrhos
Lligwy, a chyn troi adre, byddent yn cymryd tro hyd lan

y môr islaw Moelfre i edrych ar y creigiau llwyd lle drylliwyd y "Royal Charter."

Ond fel yr âi'r blynyddoedd heibio, fe âi'r ymwelwyr hynny'n llai ac yn llai.

Ym mhentre Moelfre, ac yn Llanallgo roedd cenhedlaeth newydd o bysgotwyr, ac o chwarelwyr wedi codi, ac i'r rheini nid oedd llongddrylliad y "Royal Charter" yn ddim ond stori ar gof yr hynaf yn eu mysg.

Erbyn heddiw nid oes fawr ddim yn aros i'n hatgoffa o'r trychineb mawr ar y 26ain o Hydref 1859—dim ond maen llwyd ar ben y graig, a reilyn o'i gwmpas—wedi ei godi ar draul y cyhoedd i ddangos i'r ymwelydd ble—a phryd y suddodd y "Royal Charter." Dyma'r geiriau sydd ar y maen :

> "This Memorial Stone
> commemorates
> the loss
> of the Steam Clipper
> ' Royal Charter '
> which was wrecked on the rocks nearby during the
> hurricane of 26 OCTOBER 1859 when over 400 persons
> perished.
>
> ——————
>
> Erected by "Public Subscription"

Rwy'n meddwl mai darn o'r graig a'i drylliodd, yw maen coffa'r "Royal Charter" gerllaw Moelfre. Ond mae'r môr a'r tywydd, a rhyw dyfiant mwsoglyd bron a dileu'r cyfan o'r ysgrifen, ac mae'r rhwd yn prysur ddifa'r reilyn o gwmpas y garreg.

I fyny ar ben y bryn y mae hen dŷ gwag, â'i ffenestri'n ddim ond tyllau. Ond—y noson fawr honno—yn 1859, roedd y tŷ hwn yng ngolwg yr hyn oedd yn digwydd yn y bae odano, ac efallai mai deiliaid y tŷ yma oedd y cyntaf i gyrraedd y graig, i estyn cymorth i'r rhai oedd mewn trybini.

Mae carafannau ymwelwyr haf o gwmpas y fan yn awr, ond pan fûm i yno, ar ddiwrnod oer a heulog ym

mis Mawrth, roedd rheini, fel yr adfail ar ben y bryn—yn
wag.

Roedd y môr yn las y diwrnod hwnnw, ac roedd
goleudy Pwynt Leinas yn glir yn y pellter. Ond hyd yn
oed ar ddiwrnod braf felly, roedd sŵn y môr yn growlan
yn y cilfachau, a gwedd fygythiol y creigiau, a lliw
gloywddu'r gwymon, yn ddigon i greu rhyw arswyd yng
nghalon dyn.

Ac wrth aros yno ar y graig lefn lle taflwyd Joseff
Rogers yn llypryn gwlyb i'r lan, fel baban o'r groth, ni
allwn lai na meddwl am yr aur nas cafwyd gan y swydd-
ogion, na'r deifwyr na bechgyn Moelfre. Yn agennau'r
creigiau ac o dan y gwymon du mae'n rhaid bod llawer o
sofrins melyn yn llechu o hyd. Ac yn seleri dwfn y môr
diau fod yna lawer o ysgerbydau hyll â "money-belts"
trymion ynghlwm wrthynt hyd y dydd heddiw.

*   *   *

Wrth droi o'r lle sinistr hwnnw a dringo unwaith eto
dros y creigiau tua phentre Moelfre—gwyddwn y byddai
rhaid i mi sgrifennu hanes Llongddrylliad y "Royal
Charter." Ac yn fy ffordd fy hun—dyma fi wedi gwneud.

D I W E D D

ATODIAD I

YR WYTH-AR-HUGAIN

Thomas Roberts
Owen Roberts
Owen Roberts (mab yr uchod)
Dafydd Williams
Mesech Williams
Robert Lewis
Thomas Hughes
John Hughes
Wiliam Owen
Richard Hughes
Evan Williams
John Parry
John Owen's
Thomas Parry

John Lewis
Joseff Williams
Thomas Owen
William Williams
Richard Mathew
Israel Mathew
Wiliam Pritchard
Owen Hughes
Richard Evans
David Owen
John Lewis (ieuaf)
Wiliam Owen
Lewis Francis
John Francis

ATODIAD II

Cyhoeddwyd y rhestr isod o'r teithwyr ar y "Royal Charter" ar y 7fed o Dachwedd 1859—yn y "Times", ond profwyd yn ddiweddarach fod y rhestr yma'n anghyflawn, ac fod nifer o deithwyr na wyddom eu henwau, wedi colli eu bywydau yn y llongddrylliad.

The names which have asterisk prefixed denotes the persons whose remains were recovered

FIRST CLASS PASSENGERS

*Mr. Edwin Fowler
Mrs. Fowler
*Two Miss Fowlers and
*Servant, Emma Calf
Hugh Bethune
Mr. and Mrs. Bruce, infant and servant
W. Beamer, Jun.
*Mr. and *Mrs. Davis, *two daughters and two sons
*Mrs. Fenwick and four children
*Mrs. Foster
Mr. and Mrs. Grove
Mr. and Mrs. Gardiner, (Mr. Gardiner landed at Cork)
Mr. Grundy (saved)
*F. T. Hutton
Rev. Charles Hodge
*Dr. Hatch
*J. S. Henry
Mr. and Mrs. Jenkins and five sons

Walter Nugent Lefargue
*Mr. and *Mrs. Murray, and *Miss Murray, and Master Murray
J. McEvoy (landed at Cork)
Mr. Mellar
Mr. Molineaux
W. H. Morse (saved)
R. F. MacGeorge
Mrs. Nahmer and child (landed at Cork)
*Mr. and *Mrs. Pitcher, two children and servant
*Mr. Rufford
Mrs. Tweedale
*Mr. Henry Carew Taylor, (saved) child and servant
Mr. Walsh
*Captain Withers
Mrs. Woodruff and child
Mr. G. Watson

SECOND CLASS

Mr. Allen and two children (landed at Cork)
Captain Adams
Mr. Barret and*child (son)
Charles Callis
Mr. and Mrs. Dodd, and two children
*Miss F. Davis
*Mr. Eddewes
*Mr. Reed

Edward Gates
T. E. Gapper (saved)
Mrs. Glover
John Griffiths
William Harlsden
Mr. Henderson
John Loone (saved)
Mr. Lethlanie
L. E. Mention (saved)
*John Maule

Mr. McNabb
T. Macready
Mr. Nicholas
*Mrs. Norman and two children
Mr. Partnay
*Mr. Perry
Edmund Pearce
Mrs. R. Rose
Mr. and Mrs. Russell, and two children

Mr. Russel (saved)
*Mr. and Mrs. Smith, and three children
*Solomon Samuel
Mr. Lausan
Julius Striko (landed at Cork)
Miss Elizabeth Ward
Miss Mary E. Wrigley
Edward Watson
John Wilks
*Mr. Watson

STEERAGE AND THIRD CLASS

J. Bradbury (saved)
C. R. Ross
W. S. Fenis (saved)
J. M. Coppin (saved)
*J. Potts
Mr. Lyons and family (wife and three children—two sons aged ten and twelve)
J. Trusteman and family (two children)
H. Burns and child
Nathaniel Nathan
Alice Newton
J. Churton
John and Catherine Drygan
John Judge (saved)
Maurice Boyle
Bates and Robesby
*James David Woodside
*J. C. Ellison
Capt. James Johnson
James Pardy
James Spyaglio
George Chesney
Thomas Byrne
*John Grice
*Mathew Scott
Houghton and Thomson
T. Wood
Thomson and *Milliken
Noah Lyons
William Green
*Robert Tuck
Joseph Gibson

James Dean (saved)
Wright Lockwood
J. Moss
Mr. Faulkner and child
Robert Jeffery
*P. De la Landra
David Thompson
Mrs. Kennedy and family (two children)
Thomas Willis
J. Wickett and party
C. Jackeman
Messrs. Jones and Rice
C. Kisterman
Messrs. Culina, Sturt, and Lyon
Charles Conway
Mr. Kirkbride and two sons
Mr. Kennedy and family (wife and three children)
William Banks
David Thomas
T. Taylor
*Robert Hogarth
Henry Enghans
*Edward Lauson
*Mr. and Mrs. Davy
W. and J. Row
Messrs. Tripit and Laws
William Makepeace
Thomas Fawcett
W. Bawden (saved)
James King
Dennis Callins

W. and T. Murray
John Buchannan
Col. McPhuil (saved)
James Robinson
Alex Pottinger
R. Oliver and party
*Mr. and Mrs. P. Hogarth and*child
William Ford
C. Shanahan
*David Bell
William Wilson
*George Smyth
Michael Frawley
Messrs. Derase and Kenny
John Farnby
R. Laystaff
John Wotherspoon
John Lynch
Charles Anderson
P. Thomas
E. Fowler
H. Ivey
L. Pornt
Michael Kavanagh
Antonio Abbergath
Driffon and Rolla
Marrelli and Cavagna
John and P. Martin
George Leitu
Henry Lawron
George Taylor
Samuel Grenfell (saved)
E. Allen
John Anderson
S. Dalton
William Storey
W. Crowley
*Mrs. Ross and two children
D. Travers
Mr. and Mrs. Marks and two children
*Captain James Morris
T. Wyatt
James Sullivan
James Turner
Mr. Cartny and three children

B. Bladier
Mr. Padaritle
*William Bishop
Mrs. Willis and family (two children)
John Gillespie
Thomas Kelly
Mr. Mitchell and wife
William Fleming
John Scott
John Michlmann
Charles Parkinson
John Parkinson (or Ranson)
James Pamplin
*J. Lewis
Miss Davidson
Henry Sims
John Manion
Samuel M. Wade
Nicoli Le Page
Frank Webber
George Watson
Mr. Holland and family (three children)
Isaac Stephenson
Mrs. Athy and child
T. Newton
Agett Richards
J. Staunard (saved)
Edminster and Ellis
Mr. Terril
Jessie Thomden
Baptiste Phillipine
Mr. McLeod and family (two children)
W. Tany
John Inglis
Richard Davis
Joseph Potts
*Frank Hogland
E. Willray
Miss S. Marton
John Mason
T. Bakewell
James Black
Biratte Vingenge

ATODIAD III

Un o'r hen faledi a sgrifennwyd i'r Llongddrylliad.

DRYLLIAD Y "ROYAL CHARTER."

GALAR-GERDD er cof am longddrylliad yr agerlong screw clipper "Royal Charter" o Lerpwl, Capten Taylor. Ar ei mordaith o Awstralia i Lerpwl, yr hon a ddrylliwyd gerllaw Moelfre, Môn, ar fore Hydref 26ain, 1859, pan y boddodd dros 400 ac yr achubwyd 30.

Cenir ar y Mesur "Bryniau'r Iwerddon."

CLYWCH hanes trist a chwynion,
  Echryslon boen a chri,
Is wybren daeth er sobrwydd
  O newydd atom ni ;
Mil wyth cant pum deg naw mlwydd
  Oedd Crist ein Harglwydd Iôr,
Mis Hydref , chwech ar hugain,
  Gan donnau milain môr.

Llong fawr, sef "Royal Charter,"
  Mae'n brudd-der mawr ger bron,
Dan ofal Capten Taylor
  Llong haiarn fawr oedd hon ;
Screw steamer o'r rhai mwya',
  Llawn hwyliau ydoedd hi ;
Troes o Awstralia allan
  Am Brydain lawn o fri.

'Roedd cant a deg ar hugain
  Yn wiwlan arni o wŷr,
At hwylio'r llong pryd hwnnw
  Heb ofni garw gur ;
A thrichant o fordeithwyr
  Fel brodyr oll ger bron,
A doctor, ac offeiriad
  At hynaws alwad hon.

Tri chant ac ugain troedfedd—
  Mor harddwedd oedd ei hyd ;
A'i lled yn un a deugain—
  Gwnawn gofio rhai'n i gyd ;
Nerth trichant o geffylau
  Yn llestr o'r brafia ei bri,
O ddeutu Moelfre cofir
  Yn hir am dani hi.

Cyrhaeddodd dir Iwerddon
  Heb neb â'i fron yn brudd,
Mewn deunaw dydd a deugain,
  Mawr sôn trwy Brydain sydd.
Yn harbwr Queenstown rhoisant
  Trwy lwyddiant, ar y lan,
Ddeg o'r mordeithwyr allan—
  Mor hoywlan oedd eu rhan.

Gwnaent hwylio'r llong ar fyrder
  Heb brudd-der chwaith na braw,
Mewn gobaith cyrraedd Lerpwl
  Heb erchyll drwbwl draw ;
Fe'u daliwyd gan y storom,
  Gresynus garw sôn,
Tywyllwch â'u mantellai
  Gerllaw ymylau Môn.

Aent heibio i Ben Caergybi
  Heb lechu at y lan,
Ond cawsant storm echryslon
  Rhwng Môn a'r Isle of Man ;
Daeth nos ofnadwy dywyll—
  Mor erchyll oedd yn awr,
A'r crochfôr y pryd hynny
  Ar lyncu'r llong i lawr.

Nôl pasio Point y Linws—
  Mae tristwch cofio'r tro—
Trigolion Moelfre dystiant—
  Hir gadwant hyn mewn co' ;
Y môr a'i donnau mawrion
  A ruai'n greulon gry'
Pan ddaeth mordeithwyr, druain !
  I edrych damwain ddu.

Bu'r capten a'r holl forwyr
  Yn brysur hynny o bryd—
Mewn môr â'i dynnion donnau
  Hwy wnaent eu gorau i gyd ;
'Roedd môr yn taflu drostynt,
  A'r hyll-wynt yn cryfhau,
Cenhadau angau er dychryn
  Mor sydyn yn nesau.

Bu'r llong mewn môr echryslon,
   Tymhestlog, creulon croch,
O hanner nos, fel tystir,
   Yn glir hyd dri o'r gloch ;
Taflasant yr angorion
   I'r llong gael cadw 'i lle,
Rhoi'r *engine* wnaent i'w helpu
   Rhag grym rhyferthwy gre'.

Torasant yno 'i mastiau
   Gan mor arswydus oedd,
A'r capten a'u cynghorai
   Mewn geiriau teg ar g'oedd ;
'Roedd yr offeiriad yno
   Yn dwys weddïo ar Dduw
Dros bawb er mwyn Cyfryngwr,
   Gwaredwr dynol ryw.

Taniasant *rockets* arni
   Er cael goleuni'n glir,
Gan ddisgwyl hynny o adeg
   Gael cymorth teg o'r tir ;
Nis gwelodd y trigolion
   Mo'u cyflwr creulon croch,
Nes gyrru'r llong ar greigiau,
   Yn glau cyn tri o'r gloch.

'Roedd gwynt ofnadwy'r gogledd
   Mor rhyfedd yn cryfhau,
A'r môr fel pair trochionog,
   A gwibiog fellt yn gwau ;
Pob llongwr a mordeithiwr
   A aent i gyflwr gwael,
Ac angeu'n gwneuthur cilwg
   Dim golwg glan i'w gael.

Dychmygaf fod griddfannau
   A'r lleisiau ymysg y llu,
Pawb at ei gâr anwylaf
   A serchog gartref cu.
Pwy ddichon byth amgyffred
   Eu herchyll galed gur ?
Eu tristwch oedd yn ddigon
   I ddryllio'r galon ddur.

Pan d'rawai'r llong y gwaelod
   Daeth arnynt drallod trwm,
'Roedd cannoedd â'u calonnau
   Och ! fel y pelau plwm ;
Nes dryllio'r llong yn 'sgyrion,
   Mewn mawredd donnau môr,
Ar greigiau'n hyll arswydus,
   Hyn oedd ewyllys Iôr.

Dinistriwyd y llong haearn—
   Oedd gadarn yno i gyd,
Tros bedwar cant o bobl
   Aeth i anfarwol fyd ;
Tros ddeg ar hugain yno
   A wnant ymlusgo i'r lan,
Trwy gywir waith trugaredd
   Iôr rhyfedd ar eu rhan.

Rhyw longwr ydoedd yno
   A ddarfu nofio'n wir
Yn odiaeth (rhyfedd adeg)
   Â rhaff yn deg i dir ;
Er achub amryw eraill
   Ar hyn o erchyll awr,
Mor od oedd eu gwaredu
   O'r holl ryferthwy mawr.

Dangoswyd caredigrwydd—
   Er sobrwydd hir bydd sôn—
Gan holl drigolion Moelfre,
   Traeth Coch ymylau Môn ;
Eu unol barchus helpu
   Rhai ddaeth i fyny i'r lan,
A chladdu'r lluoedd meirwon
   Gwnai'n rhwyddlon bawb eu rhan.

Daeth amryw gyrff ar lanw
   Yn welw oer i'r lan,
Er dirfawr dristwch calon
   Gwŷr Môn mewn llawer man ;
Eu hannwyl berthynasau,
   Er wylo dagrau dwys,
Yn fyw ni chânt mo'u gweled,
   Mae'n beth o galed bwys.

Fe foddodd yr holl ferched—
Mae'n galed dweud y gwir,
A'r plant, ni ddaeth ohonynt,
Er dychryn, un i dir ;
Er tynnu gwallt a gwylltio,
Gofidio, ac wylo'n gaeth,
Daeth awr eu dirfawr derfyn
Yn sydyn megis saeth.

Aeth Thomas Jones i'w ddiwedd,
A William Davies, do,
Dau longwr o Gaernarfon,
Rhyw drwm echryslon dro ;
A Griffith Jones i'w canlyn,
O Nefyn, enwa'i nawr,
Mab Thomas Rees o'r Pistyll
A lyncwyd yno i lawr.

A William Hughes o Amlwch,
Gwybyddwch aeth i bant,
A Harri Williams, Cemaes,
Fel cwyna llawer cant ;
John Jones, un o Gaergybi,
Mae'n drymllyd nodi'r drych,
Ac Isaac Lewis, Moelfre,
Gerllaw ei gartre gwych.

Dinystriwyd "Royal Charter,"
Oedd hawddgar ar ei hynt,
Brenhines llongau haearn,
Gan gadarn nerth y gwynt ;
A boddodd llongwyr luoedd,
Ers oesoedd gwn fod sôn
Am ddryllio llongau campus
Mewn mannau'n Ynys Môn.

Gan fod brodorion Moelfre,
Heb amau, braidd bob un,
Mor hynod fel pysgodwyr
A llongwyr o bob llun ;
Nis gwyddant pa ddamweiniau
Ddaw i'w perth'nasau'n wir,
Ystyriant mewn tosturi
Wrth hyn o g'ledi'n glir.

Gwnaf bellach yn ddi-ball
  Derfynu heb fod yn faith,
Maddeued pawb i minnau
  Am wallau'n hyn o waith ;
Hanesion a ddarllenais,
  Mi a'u cenais fel y cês,
Amen ! Amen ! boed felly
  Oll inni er ein lles .

                                        YWAIN MEIRION.